論理トレーニング
101題

野矢茂樹

はじめに

　1997年11月に私は『論理トレーニング』という本を出した。それから3年半になる。私としてはその本に多少の自負を感じないではなかったが、それは主としてパイオニアとしての自負だった。どうだ、こんな本、いままでなかっただろう。ま、そういうわけである。
　正直に言って、それは地味な教科書で、目にとまる人にとまってくれればいい、そして誰かがこのような仕事を引きついでくれればいい、そう思っていた。このような教科書を使う授業はいまの大学にはない。もちろん高校にもない。だったら、ありもしない授業の教科書って、何なんだ。私自身は多少自嘲気味にその仕事をしたのだった。しかし、それは誤算だった。
　『論理トレーニング』を実際に教科書に使ってくれるところも増えてきた。だがそれ以上に、授業の教科書としてでなく、個人で『論理トレーニング』にチャレンジしてくれる人たちがたくさんいたのである。
　私は、これもまた正直に言って、驚いた。こんなに、こういう本が必要とされていたのか。そして思った。だったら書き方も変えたのに。教科書であるから、なるべくそっけなく作った。問題のすべてに解答をつけるようなこともしなかった。そのため、いくつかの不満の声があがった。とくに解答をつけてほしいという声が多かった。でも教科書なんだから、私はそう思った。だけど、そうだな、なんとかしたいな、とも。
　というわけで、本書ができた。
　『論理トレーニング』で扱った話題の中からこれぞというものを選び、問題練習を中心に、ほんとにその練習問題をやることによって論理的な力がパワー・アップできるような、そういう本をめざした。もちろん、すべての問題に解答をつけた。そして問題の形式も、電車の中でもやれるように、解答

しやすい形式をこころがけた。ノートを開いて机にむかってやるのもいいが、どうぞちょっとした時間を見つけて気楽に読み進み、解き進んでみていただきたい。1問やるだけでも、1問やった分だけの力がつく。全問やりとおせば、必ずや全問やりとおした分だけの力がつく。ともかく、力はつく。保証する。解説書なんかいくら読んだって論理の力は鍛えられない。ただ、実技あるのみ。

　さあ、101問用意した。論理トレーニング101題、大行進である。

　始めよう。

目　次

はじめに

序論 …………………………………………………………………………… 1

I　議論を読む

第 1 章　接続表現に注意する ………………………………………………… 9
　　1.1　接続表現に対する感度チェック　　10
　　1.2　基本的な接続表現　　12
　　1.3　付加なのか転換なのか補足なのか　　15
　　1.4　付加二題　　17
　　1.5　基本トレーニング　　19
　　1.6　実践トレーニング　　26
　　練習問題 1　　39

第 2 章　議論の骨格をつかまえる ………………………………………… 43
　　2.1　解説・根拠・付加・転換　　44
　　2.2　議論ユニット　　52
　　2.3　主張提示文を取り出す　　55
　　2.4　実践トレーニング　　61
　　練習問題 2　　71

II　論証する

第 3 章　論証とはどのようなものか ……………………………………… 79
　　3.1　根拠と導出　　80

3.2　論証図　　82
　　　3.3　演繹と推測　　91
　　　練習問題3　　97

第4章　演繹の正しさ・推測の適切さ…………………………101
　　　4.1　逆は必ずしも真ならず　　101
　　　4.2　「のみ」の話　　106
　　　4.3　まちがった演繹　　108
　　　4.4　隠れた前提　　110
　　　4.5　推測の構造　　116
　　　4.6　代替仮説の可能性　　120
　　　4.7　因果関係を探る　　124
　　　練習問題4　　128

第5章　論証を批判的にとらえる……………………………131
　　　5.1　質問のトレーニング　　132
　　　5.2　立論・異論・批判　　139
　　　5.3　批判のトレーニング　　142
　　　練習問題5　　149

練習問題の解説と解答………………………………………153

使用文献一覧…………………………………………………179

あとがき………………………………………………………183

序　論

　論理の力を身につける。どうすれば身につくだろう。いや、その前に、そもそも「論理の力」とは何かを述べておかねばならない。
　論理の力といっても、しばしばそう誤解されているような、「思考力」のことではない。もちろん論理の力を発揮するためには、なにげなく見過ごしていたところで立ち止まって念入りにチェックしたり、筋道を整理したりすることも要求される。だが、論理の力とはむしろ思考を表現する力、あるいは表現された思考をきちんと読み解く力にほかならない。それは、言葉を自在に扱う力、われわれにとっては日本語の力のひとつなのである。
　しばしば日本語は非論理的だなどという意見を聞くが、それはまったくまちがっている。われわれが了解している論理のすべては日本語で用いることができる。ところが、自分の日本語の力にはそれほど不自由を訴えない人が、論理の力の乏しさを訴えたりする。おそらく「論理」ということを誤解しているのだろう。

　さっそく試すようで申し訳ないが、論理の力をチェックする問題を出してみよう。
　ある日の新聞に次のような記事があった。便器に座っておしっこする男性が増えた。なぜ座ってするかというと、立ってすると小便のしぶきが飛んで汚い。だから、座って飛び散らないようにおしっこする、というわけである。そこで、最後に次のコメントが寄せられているのだが、このコメントがどうも、一見支離滅裂には見えないのだが、実は支離滅裂なのである。
　さて、見抜けるだろうか。

> **問1** 次の文章のおかしな点を指摘せよ。
> 「清潔はビョーキだ」の著書がある東京医科歯科大の藤田紘一郎教授（寄生虫学）も、座り派の増加について「清潔志向が行きすぎてアンバランスになってしまっている」と指摘する。「出たばかりの小便は雑菌もほとんどいない。その意味では水と同じぐらいきれいだ。なんで小便を毛嫌いするのか。ばい菌やにおいを退けすぎて、逆に生物としての人間本来の力を失いかけている一つの表れでないといいのですが」（朝日新聞、2000年3月26日付朝刊）

　さらっと読み流したのではたぶん気づかないだろう。とはいえ、ゆっくり検討しようにも、「論理」ということがまだピンときていない人は、どこをどのように検討すればよいのか、よく分からないかもしれない。
　では、「論理的観点」からいまの文章を検討してみよう。
　藤田氏はまず、「清潔志向が行きすぎてアンバランスになってしまっている」と、「清潔志向の行きすぎ」を指摘する。そうだとすれば、「多少不潔でも気にすべきじゃない」と議論が展開すべきである。ところが、「小便は汚くない」と続けてしまう。方向がばらばらである。「小便は汚くない。だから、立っておしっこしてもいいじゃないか」という議論は、あくまでも清潔志向を認めた上で為されるものにほかならない。コメントの最初と最後が清潔志向に対する苦言であるのに、その真ん中で「小便は清潔だ」と主張する。この首尾一貫しないところが、論理的観点から言って不適切である。
　もちろん、矛盾しているわけではないから、「非論理的」というほどのものではない。しかし、主張の方向がこのようにばらばらになってしまっているということは、「論理の欠如」を示している。
　もう一点。「出たばかりの小便は雑菌もほとんどいない」と書いてある。この主張は、便器に付着して放置された、「出たばかり」でない小便が汚いのか汚くないのかについては何も述べていない。しかし、いま問題になっているのは出たてのおしっこではなくて、飛び散ってそのままにされたおしっこなのである。ということは、出たばかりの小便についてのこのコメントは方向違いどころか、議論に無関係と言わざるをえない。

まだある。「立ってすると小便が便器について汚い」という意見に対する反論として「小便には雑菌もなくきれいだ」と主張することは、「汚い」の意味がもとの主張と少しずれてしまっている。便器が汚れているというのは雑菌のことだけでなく、見た目の汚れのこともおおいに含んでいる。

たとえば「ズボンがコーヒーの染みで汚れた」と言う人に対して、「コーヒーには雑菌もいない。きれいなもんだ」と反論しても的はずれでしかない。いくら雑菌がいないからといって、見た目のことを考えれば藤田氏といえども飛び散ったおしっこは拭き取るのではないだろうか。

いったい、この記事がどうしてこういうことになってしまったのか、藤田氏が悪いのか記者が悪いのかは分からない。しかし、もっと問題なのは、これをあまり違和感をもたずにすんなり読んでしまうわれわれである。

なぜすんなり読めてしまうのか。

仕掛けは、先の引用記事中、接続詞がひとつも使われていないところにある。そのため、文と文の関係がうやむやになり、勢いで読ませてしまうのである。ここに、論理的になるために注意すべき最大の鍵がある。

その点に注意しながら、もう一問やってみよう。出典は、大野晋『日本語練習帳』（岩波新書）である。

問2　次の文章中で論理的に不適切な点を指摘せよ。

近畿地方を中心に西日本では、女性や子供が一人称としてウチを使う。ウチは内であり、家であり、自分であるわけで、東京でも自分の家をウチといい、「ウチの学校では」「ウチの会社では」と一般的に使う。相手をウチの人だと思うと急に親しくなり、特別の便宜をはかり、相手をソト者と思うとはっきり別扱いします。それは古い体制の名残なのです。つまり、日本語社会では、人々は相手が自分に近いか遠いかについて鋭い感覚、区別をいつも内心で保っています（これが敬語の基礎の一つです）。だから、近しい扱いでは、しばしば親密さから、時によると相手を粗略に扱うことになります。

この「だから」が悩ましい。
　帰結として引かれている主張は、「近い相手は時に粗略に扱う」ということである。では、その論拠は何なのだろうか。前の段落では、「日本語社会は相手が自分に近いか遠いかに敏感である」ということが言われている。つなげてみよう。
　「日本語社会は相手が自分に近いか遠いかについてつねに鋭い感覚を保っています。だから、近しい扱いでは、時によると相手を粗略に扱うことになります。」
　語調はこれでなんとなく通っている。しかし、内容を吟味するとやっぱり変である。人間関係の近さに敏感であることは、近い人を粗略に扱うことの論拠にはならない。
　次のようなやりとりを考えてみよう。

「日本人は自分に近い相手を粗略に扱いがちなんだ」
「どうして？　近い人ほど大事でしょう」
「なぜって、日本人は人間関係の近さをいつも気にしているからね」

　珍妙である。理由になっていない。ということは、先の「だから」も珍妙であったということにほかならない。
　「近いかどうかを気にする」ということと「近い相手を粗略に扱う」ということは二つの独立した論点であり、それゆえここでは、論点を付加する接続表現「そして」、あるいはより強く累加（るいか）と呼ばれる関係を表す「しかも」を使うべきだろう。そして議論の流れはむしろこう整理される。

(1)日本語社会は相手が自分に近いか遠いかに敏感である。
(2)しかも、近い相手はときに親しさから粗略に扱われる。
(3)だから、日本語では遠近の感覚が敬語の基礎の一つとなる。

　どうだっただろうか。
　まだうまく答えられないという人は、論理に対する感受性を開発し、論理の力を鍛えていかねばならない。

では、論理の力を鍛えるにはどうすればよいだろうか。それは本書でじっくりとトレーニングしていただきたいということなのだが、それに先立って、ありがちな誤解を解いておきたい。「論理の力というのは思考力である」というのは、先に述べたひとつの誤解であるが、これと並んでもうひとつ、しばしば誤解されることがある。論理的な表現は堅苦しい、あるいは難解なものになる、というのである。

多少その傾向があるということは否定できないが、しかし、論理的であることと表現が堅苦しいとか難しいということは何の関係もない。柔らかい文章でありながらしっかりと論理的である文章を挙げてみよう。

> 問3　次の空欄に適切な接続表現を入れよ。
> 　ネコは本来、警戒心の強い生き物です。この警戒心とは、敵の気配を察したらすぐに逃げられるように、つまりネコが自分の身を守るために持っている本能です。しかし、心から安心できる環境にいるネコは、幸か不幸かこの能力を使わずにすんでいるのです。
> 　つまり室内飼いのネコにとって、室内ほど安心できる場所はないのです。敵もいないし、エサもあるし、トイレだってあります。自分を愛してやまない飼い主が用意してくれた環境なのですから、悪いはずがありません。☐☐☐☐、「室内飼いのネコが外に出られないからストレスがたまっている」という考え方を、全てのネコに当てはめることはできないのです。
> （南部和也・南部美香『ネコともっと楽しく暮らす本』、三笠書房王様文庫）

難解さとはほど遠いペット本であり、文体もいたって柔らかであるが、それでもこの本は全体にきわめて接続表現が多用され、論理的である。いわゆる文章読本にのせるような名文ではないかもしれない。しかし、ここでは論理がきわめて率直に、自然に、息をしている。

ポイントは「対話の精神」にある。ネコ専門の獣医である著者たちは、おそらく、ネコの飼い主に話しかけるように文章を書いているのだろう。「ええ、たしかにそうですが、しかし、こうなんです。つまり、こういうわけです。だから、実はこうなんですよ」、こんな調子で聞き手の反応を見ながら

語りかける。これが、接続表現の多用につながるのである。

　問題の空欄の前後は、「室内飼いのネコにとって室内ほど安心できる場所はない」という主張と、「外に出られない室内飼いのネコにストレスがたまるということは、必ずしもすべてのネコに当てはまることではない」という主張である。これをつなぐ接続表現は何か。それほど難しくなく、「だから」(「それゆえ」「したがって」)が入れられたのではないだろうか。

　　問3の解答　だから（それゆえ、したがって）

　他方、硬い文章でも、教科書のような記述や、意見の押し売りのようなものは、いきおい接続表現が乏しくなり、論理的な構造が欠如してくる。冒頭に挙げたのは新聞記事であったが、一般に新聞記事には接続表現が乏しく、これといった論理的構造がない。それはつまり、対話の精神に欠けているからではないだろうか。

　論理は数学の証明に理想的に現われるわけではないし、また、評論や論説に特有のものというわけでもない。言いたいことがきっちりあって、それを自分と意見が違うかもしれない他者へと伝えようとするとき、たとえ柔らかで平易な文章であっても、そこに論理が姿を現わす。

　自分と異なる意見の相手と対話する。それこそ、論理が要求されるもっとも重要かつ典型的な場面である。独善的な精神に論理はない。論理的な力とは、多様な意見への感受性と柔軟な応答力の内にある。そして本書がめざすところもそこにある。論理トレーニングとは、けっして、四角四面でコチコチの、厳格ではあるが融通のきかない頭を作ろうとするものではない。

　では、幕を上げよう。まずは、接続表現のトレーニングからである。

I　議論を読む

第 1 章

接続表現に注意する

　言葉の力に敏感になること、それが「論理的」になる道である。
　とはいえ、ただ一言ポツンと何かを言うだけならば、論理は姿を現わさない。さっき言ったことといま言ったこと、いままで言ったこととこれから言うこと、あるいはまた相手の言ったことと自分の言うこと、これら言葉と言葉の関係において、論理は姿を現わす。文と文の関係、パラグラフ（論点のひとまとまり）とパラグラフの関係、そこに論理展開が現われ、整合性が問われもする。そして、言葉と言葉のつながりを明示する言葉が、接続表現である。
　それゆえ、論理は接続表現に示される。
　接続表現とは、また、対話における「合いの手」でもある。何ごとか言葉を発する。そうするとそれは必ずやそれを受け取った相手になんらかの反応を引き起こす。「どういうこと？」と解説を求められるだけでなく、「それから？」と続きを促されたり、「どうして？」と理由を求められたりもするだろう。そして、それに答えるべく次の主張が展開され、それに応じて適切な接続表現が選ばれる。「どういうこと？」と問われて「つまり」と応じ、具体的に説明しようとするなら「たとえば」と応じる。「それから？」と問われて「そして」と応じ、「どうして？」と問われて「なぜなら」と続ける。あるいは、相手が思っているのとは違う方向に話を転換させようと思ったならば、「しかし」と切り出す。
　文章は、それがたとえモノローグの見かけをもっていようとも、基本的に

対話の構造をもっている。議論を読み解くとは、なによりもまずこうした問いと応答の流れを読むこと、その対話の構造をつかむことである。そのリズムが送り手と受け手で共有されたとき、分かりやすい文章が生まれる。議論を適切に読み解くためには、こうした接続表現の合いの手をうまく入れられるようにならなければならない。

　そのため、自分で論理的な文章を書こうとする場合には、何よりもまず自覚的に接続表現を用いるようにすることである。そしてまた、論理的な文章を読み解くときにも、そこで用いられている接続表現に注意して読む。

「論理的になるためにはどうすればよいか」
「接続表現に自覚的になるのが一番」、これが答えである。

1.1　接続表現に対する感度チェック

　では、あなたの接続表現に対する感度をチェックしてみよう。

問4　適切な接続表現を選べ。
　ディズニー作品のなかでは、擬人化された動物たちは、すべて白い手ぶくろをつけていなければならない。ミッキーもミニーも、犬のグーフィーも、牝牛のクララベルも、悪役の義足のピートも、みな白い手ぶくろをはめている。{しかし／ただし}、ミッキーが飼っている犬のプルートーなど、擬人化されないで、そのままものをいわない動物として登場するときには、その必要はない。その場合の動物は動物なのであって、言葉も話さないかわりに、靴もはかず、服を着ることもない。すなわち、ディズニー世界にあっては、動物たちが昇格して人間化する条件としては、白い手ぶくろが不可欠なのである。かくして、ミッキーマウスは、入浴中でも海で泳ぐときでも、手ぶくろを脱ぐことはない。

　たんなる語調で選ぶと、「しかし」でも「ただし」でもどちらでもよいように感じられるだろう。だが、「ただし」と「しかし」は、なるほどともに逆接の接続詞ではあるが、その働きはまったく異なっている。

次の二つを比べてみよう。

　　ミッキーは白い手ぶくろをつけている。
　　しかし、プルートーなど、擬人化されない動物はつけていない。

　　ミッキーは白い手ぶくろをつけている。
　　ただし、プルートーなど、擬人化されない動物はつけていない。

「ただし」の場合には、言いたいことはあくまでも「ミッキーは白い手ぶくろをつけている」という方にある。プルートーのことはその主張に対する補足、つまり「ただし書き」である。
　他方、「しかし」の場合、言いたいことは一般的に「しかし」の後にくる。典型が譲歩の構文であり、たとえば、「たしかにミッキーたちは白い手ぶくろをつけている。しかし、プルートーはつけていない」のような文では、言いたいことは明らかにプルートーが白い手ぶくろをつけていないということの方にある。
　そのような目で問題文を読むならば、この文章がミッキー・マウスについてのものであり、言いたいことは、ミッキーが手ぶくろをつけていることの方であることが理解されるだろう。だとすれば、ここは「ただし」でなければならない。

　ただし、と私もまたここで説明を補足しなければならないだろう。「しかし」には対比を表現する使い方がある。たとえば、

　　ミッキーは白い手ぶくろをつけている。
　　しかし、ドナルドはつけていない。

このように、二つの主張をとくにどちらを強く言いたいというわけではなく、対照的に並列して言う、といった場合である。
　だが、いずれにせよ、「A。しかし、B」においてAとBの主張したい度合いは「A≦B」にほかならない。それゆえ問題文のように「A＞B」（ミッキーたちのこと＞プルートーのこと）であるならば「しかし」ではなく、

やはり「ただし」を使うべきである。

問4の解答　ただし

1.2　基本的な接続表現

さて、それでは、まずは日本語にどのような接続表現があり、そしてその働きはどのようなものであったかを思い出し、整理するところからトレーニングを開始することにしよう。

問5　次の①〜⑦を、この順番で、［　］内に示された接続表現を各一回ずつ用いて、一連の文章にまとめよ。ただし、内容を変えない程度に文は適当に変更してよい。

［しかし、すなわち、そして、だから、ただし、たとえば、なぜなら］

① 論理トレーニングで大事なのは論理的な文章を数多く読むこと。
② さまざまな接続表現に注意することである。
③ 論理とは言葉と言葉の関係にほかならないが、それを明示するのが接続表現である。
④「しかし」という接続詞は多くの場合「転換」を示している。
⑤「しかし」の前後で主張の方向が変化している可能性が高い。
⑥ 議論の方向を見失わないためには、「しかし」という接続詞に注意することが必要となる。
⑦ ときに接続表現は省略されるので、その場合には自分でそれを補って読まねばならない。

順に見ていこう。空欄を埋めながら進んでいただきたい。

①で「論理的な文章を読みなさい」と言われ、②で「接続表現に注意しなさい」と言われる。この二つは独立した論点として並記されたものととらえ

1.2 基本的な接続表現

られる。こうした関係を「主張の**付加**」と言う。そこで、接続表現は次のようになる。（空欄を埋めよ。）

　　①。□□□、②。

ついで、③では「論理を明示するのが接続表現」と言われる。
②で「接続表現に注意しなさい」と言われると、「どうして？」という問いが生じるかもしれない。そこで、その問いに③で答えているのである。
論理は接続表現に明示されているので、接続表現に注意しなさい、というわけである。この接続関係は「**理由**」である。そこで、次のような接続表現を用いて接続される。

　　②。□□□、③。

④から⑥までを見よう。

　　④「『しかし』は転換を示す」
　　⑤「『しかし』の前後で主張の方向が変化する」
　　⑥「議論の方向を見失わないためには『しかし』に注意せよ」

④から⑥まではひとまとまりである。そしてこのまとまりは「しかし」という**転換**の接続詞について具体的に述べている。つまり、②の「接続表現に注意しなさい」ということを具体例で示す。この関係は「**例示**」と言われる。例示の接続表現といえば、これである。（④から⑥までがひとまとまりであることを表すため、（④〜⑥）のような書き方をする。）

　　②。□□□、（④〜⑥）。

④〜⑥の中を見よう。
④で「『しかし』は転換」と言われる。その多少そっけない言い方に対して、「どういうこと？」と問われるかもしれない。そこで、「主張の方向を変化させることさ」と答える。この接続関係は「**解説**」と言われる。接続表現

はいくつかあるが、与えられた選択肢から選ぶならば、こうなる。

　　　④。☐、⑤。

　⑥は④と⑤から結論されることである。「しかし」のところで主張の方向が転換されるので、議論の方向を見失わないためにはとくに「しかし」に注意せよ、というわけである。この接続関係は「**帰結**」と言われる。帰結の接続関係もいくつかあるが、選択肢から選ぶなら、これ。

　　　(④〜⑤)。☐、⑥。

　そして最後に、⑦「ときには自分で接続表現を補わねばならない」と言われる。
　これは全体の主張からすると副次的なものであり、②から⑥までの議論を補ったものと捉えられる。この接続関係は「**補足**」と言われる。

　　　(②〜⑥)。☐、⑦。

　以上をまとめて、解答例を書いておこう。

　問５の解答　使われる接続表現は順に「そして、なぜなら、たとえば、すなわち、だから、ただし」となる。それらを用いて次のように文章をつなげることができる。

　論理トレーニングで大事なのは論理的な文章を数多く読むこと。そして、さまざまな接続表現に注意することである。なぜなら、論理とは言葉と言葉の関係にほかならないが、それを明示するのが接続表現だからである。たとえば、「しかし」という接続詞は多くの場合「転換」を示している。すなわち、「しかし」の前後で議論が方向転換している可能性が高い。だから、議論の方向を見失わないためには、「しかし」という接続詞に注意することが必要となるのである。ただし、ときに接続表現は省略されるので、その場合には自分でそれを補って読まねばならない。

ここには論理トレーニングの観点から重要になる接続関係が一通り（「しかし」だけは問題文中で言及する形で）網羅されている。用語を列挙しておくならば、次のとおりである。

付加、理由、例示、転換、解説、帰結、補足

しかし、これをひとつひとつ教科書風に解説していくことは控えよう。これらはすべてなじみの日本語である。すでに熟知していると思っていることをいちいち説明されるのはたまらない。さっそくもっと実践的な問題に入ることにしたい。そして、問題にぶつかることによって、自分が本当にそれを熟知していたのか、とくと吟味していただきたい。必要な解説は、そのときに行うことにする。

1.3　付加なのか転換なのか補足なのか

> 問6　次の(a)、(b)に適切な接続表現を選べ。
> 　契約によって権利と義務をあらかじめきちんとしておくという慣行は、日本ではまだ確立していないように思われる。「知っている人の紹介で、信用おける話だったので、まさか、こんなことになるとも思わず、契約書もとらなかった」などといって、後になってなげく例は数多い。
> 　(a)｛そして／しかし／ただし｝、人は契約を結ぶときには、紛争が起きるであろうことを予測しているわけではない。あらかじめ紛争が予見できるくらいならば、そのような契約はもともと結ばないものである。つまり、こういうことである。契約を結ぶということは、それ自体、つねに相手方を信用することであり、「まさかそんなことはない」と思うことなのである。(b)｛そして／しかし／ただし｝、まさに権利の行使が問題になるときは、つねに、その「まさか」という信用が裏切られたときのことなのである。だから、契約の内容をきちんとした上で、契約書をかわすことは、権利を大切にする社会では、しごく当たりまえのことである。

選択肢にある接続表現は次の三つである。

 そして……付加
 しかし……転換
 ただし……補足

ここで、付加・転換・補足のいずれかから選ぶ選び方として、次のようなチャートが成り立つ。

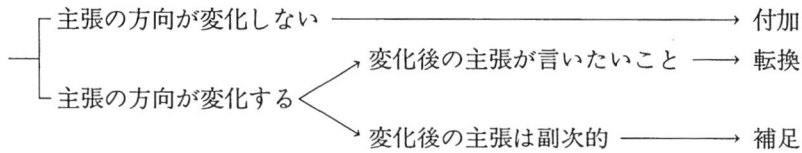

このチャートをにらみながら読んでいこう。

前半の段落では日本が契約に関して甘いということが指摘され、後半の段落では契約の重要さが説かれている。

(1)主張の方向はどうか：変化している。とすれば、付加ではない。

(2)前半の段落と後半の段落はどちらがより言いたいことか：言いたいことは契約の重要性を訴えた後半にあると考えられる。とすれば、補足ではない。ここは、転換の接続関係である。

次に(b)の周辺を見よう。
ここでは次の二つの主張がつながれている。

 A：契約を結ぶということは相手を信用することだ。
 B：権利の行使はその信用が裏切られたときに問題になる。

主張の方向は変化しているだろうか。

変化していると答えたくなる人もいるかもしれない。Aは信用することの話で、Bは信用が裏切られたときの話だから、というわけである。しかし、「信用して契約を結び、信用が裏切られたときに権利が行使される」という流れであるから、主張の方向としては同一である。

さらに言えば、ここには、根拠づけ、あるいは解説といった接続関係もない。たんに、まずAと言い、次にBを付加しているととらえられる。

主張を単純に付加することは、論理的関係としてはもっとも弱い関係であるから、文章中とくに接続表現を明示せず、そのまま文をつなげていくことも多い。しかし、問題文の場合にはかなり強く主張の付加が意図されているので、接続詞を省略するとかえって落ち着きが悪く感じられるだろう。そのあたりも、感じとっていただきたい。

問6の解答　(a)しかし　(b)そして

1.4　付加二題

主張の「付加」という関係に関して、興味深い接続表現を二つ取り上げてみよう。

少し答えにくいかもしれないので、こちらの用意した正解が出せなくとも気にやむ必要はないが、正解が出せたらちょっと胸をはってもよいかもしれない。

> 問7　次の空欄にもっとも適切な接続表現を入れよ。
> 　成熟社会とは、その成員たちが多元的な価値観のもとにさまざまな経験を通して、各人の生きがいを発見し、それぞれに自分の道を歩んで行くところにこそ成り立つ。最初からただ単一の価値観にとらわれ、　　　　、その追求がさらに能率主義によって行われるならば、人は年をとり、高齢になるにつれて、何もすることがなくなってしまうだろう。

「単一の価値観にとらわれて生きる→歳をとってから困る」ということに、「能率第一で生きる→歳をとってからますます困る」ということが付加され

ている。弱い関係であるから、接続表現を省略してもよいし、「そして」でつないでもよいだろう。しかし、このように、「A。だからC」と主張し、さらに、「B。だからますますC」とたたみかけるような付加の構造に対しては、「しかも」という接続詞が最適である。

　たとえば、「彼は煙草を吸う。しかも、一日に2箱」のような場合、「だから健康によくない」という帰結が暗示されていると考えられる。「煙草を吸う→健康によくない」、しかも、「一日に2箱→ますますよくない」、というわけである。このようなより強い付加の関係は「累加」と呼ばれることもある。本書では、しかし、累加も付加の接続関係として大きくとらえることにする。

　問7の解答　しかも

　もうひとつ興味深い接続表現を取り上げてみよう。接続詞ではないのだが、脈絡によって主張を接続する働きをもつ。これも少し答えにくいかもしれない。

　問8　次の空欄にもっとも適切な接続表現を入れよ。
　ユーモアは、まじめなことを単に不まじめに扱うことではなく、□□□不まじめであるかのごとくにとり扱うことによって、まじめさにつきまとう暴力的・強制的な色合いをとり除くのである。

　主張の付加であるから、これもとくに接続表現がなくても通る。だが、その付加の関係をあえて明示しようとして「そして」を入れると、どうしようもない違和感がある。（入れて読んでみていただきたい。）
　それに対して、次の場合には「そして」でも違和感はない。

　　ユーモアは、まじめなことをそのまま生まじめに扱うことを拒否する。そして、それを不まじめであるかのごとくにとり扱うことによって、まじめさにつきまとう暴力的・強制的な色合いをとり除くのである。

どうしてだろうか。

問題文の場合は、上の例文と比べて付加されている主張の関係がより強いのである。ただ付加されているのではない。まず「不まじめに扱うのではない」と否定しておいて、次に「不まじめであるかのごとくにとり扱うのだ」と肯定的主張を付加する。ここでは、「本当に不まじめに扱う」ことと「不まじめであるかのように扱う」こととが比べられている。そして、前者が否定され、後者が選びとられているのである。背後にあるこの選択を表現する言葉として、ここでは「むしろ」が使われる。

「むしろ」は、たとえば「今年は八月よりもむしろ七月の方が暑かった」のように一方を選ぶ副詞であるが、問題文のように、否定的主張に肯定的主張を付加する接続表現としても、しばしば用いられる。「Aではなく、むしろB」という言い方において、その背後に「AかBか」という選択肢があり、そこでAを切り捨てBを選びとることから、自然に「むしろ」が使われるのである。

問8の解答　むしろ

1.5　基本トレーニング

それでは、付加・理由・例示・転換・解説・帰結・補足という七つの基本的接続関係に関して、基本的なトレーニングをしよう。

問9　適切な接続表現を用いて「①。□□□、②。□□□、③」という文章を作れ。ただし、内容を変えない程度に文は適当に変更してよい。
①「あたりまえ」という言葉は、辞書的には「そうあるべきこと」「当然」を意味し、同時に「ごくふつうであること」「並み」をも意味する。
②一方で規範的な意味をもち、他方で平均的事実を表現している。
③ある種の二重性をもっているのである。

---

①、②、③はすべて、「あたりまえ」という言葉に規範的な意味と事実的な意味の二つの側面があることを述べようとしたものにほかならない。つま

り、ほぼ同じ内容をさまざまに言い換えて「解説」しているのである。
　解説を表わす接続表現として代表的なものには、「すなわち」と「つまり」がある。あまり区別なく使われるが、「つまり」という語には「けっきょくどういうことを言いたいかと言えば」という感じがあり、しばしば結論を導くときに用いられる。
　問題文では、あたかも三段跳びのようにして、AをBに言い換え、さらにそれをCへと結論的に言い換えている。そこで、Cをつなぐ接続表現としては、「すなわち」でもよいが、結論的なニュアンスを出すために、「つまり」の方がよいかもしれない。(「要するに」などでもよいだろう。)

　　問9の解答　「あたりまえ」という言葉は、辞書的には「そうあるべきこと」「当然」を意味し、同時に「ごくふつうであること」「並み」をも意味する。すなわち、一方で規範的な意味をもち、他方で平均的事実を表現している。つまり、ある種の二重性をもっているのである。

　　問10　次の空欄に適切な接続表現を入れ、付加、理由、例示、転換、解説、帰結、補足、のどの接続関係であるかを述べよ。
　　インフォームド・コンセントとは医師から患者に決定権が移ることだと考えるのはまちがっている。患者が決定するのは、治療の結果としての「生命の質」である。□□、心臓病の患者が、無理をしないで薬でおさえて静かに暮らすか、手術をしてあとくされがないようにしたいか、患者に選択できるのは、自分の生命の質に関してであって、治療の因果関係を認識し、措置を決定するのは医師である。患者が目的を選んで、医師が手段を決定する。これがインフォームド・コンセントである。

　まず主張の方向を考えよう。
　主張の方向は変化しているだろうか：問題の接続表現の前後は、どちらもインフォームド・コンセントが「生命の質」に関わっているという主張であり、同方向である。とすれば、転換、補足は考えられない。
　そこで、付加、帰結、解説はどうかとそれぞれ検討してみると、それなり

に成り立ちそうにも思われる。

　しかし、なによりもここで「心臓病」という具体例が出されているところに注意しよう。ここに目をつけると、具体例による解説、すなわち例示という答えが出てくる。「インフォームド・コンセント」についての一般的な主張を、心臓病という具体例を用いて例示しているのである。

　付加、帰結、解説も無理というわけではない。しかし、最適なものといえば、やはり、例示だろう。

　問10の解答　たとえば——例示

問11　適切な接続表現を用いて「①。□□□、②。□□□、③」という文章を作れ。ただし、内容を変えない程度に文は適当に変更してよい。
①どう手をつけていいか分からない現在の状況を、なんらかの形で問題として表現すること、この点こそが、問題解決のプロセス全体の中で一番むずかしい。
②直面している状況がどんなものかを理解していなくては問題を適切に表現することはできないのに、問題を表現することによってはじめて状況が理解できる。
③状況を理解していることと問題を表現できることとは、表と裏の一見パラドクス的な関係にある。

---

　②で言われている内容をきちんとつかむことが鍵になる。
　状況を理解していなければそれを問題として表現できない。しかし、その状況はまさに問題として現われているのだから、それを問題として表現することは、すなわちその状況を的確にとらえることなのである。ここには循環の見かけがある。
　このことが、③で「パラドクス的な関係」と表現されている。そしてその逆説が、問題を言い表わすことのむずかしさ（①）の理由にほかならない。
　②は①の理由を与え、③は②を解説している。これが問題文の構造である。「①、なぜなら（②、つまり③）」となる。

ただし、②と③の関係は多少微妙だろう。

②状況を理解していなければ問題を表現できないのに、問題を表現することではじめて状況が理解できる。
③状況を理解していることと問題を表現できることは一見パラドクス的な関係にある。

これに対して、「②だから③」のように帰結の関係も考えられる。しかし、そのとき、「②。だから③。だから①」と、②は③を経由して①の理由となる構造になるが、問題文ではむしろ②が直接①の理由になっていると考えられる。だとすれば、②から③という主張を引き出すのではなく、②と③をひとつの主張とみなすべきである。

また、解説の接続表現としては、「つまり」ではなく「すなわち」でもよいだろう。

問11の解答　どう手をつけていいか分からない現在の状況を、なんらかの形で問題として表現すること、この点こそが、問題解決のプロセス全体の中で一番むずかしい。なぜなら、直面している状況がどんなものかを理解していなくては問題を適切に表現することはできないのに、問題を表現することによってはじめて状況が理解できるからである。つまり、状況を理解していることと問題を表現できることとは、表と裏の一見パラドクス的な関係にある。

問12　適切な接続表現を用いて「①。　　　　、②」という文章を作れ。ただし、内容を変えない程度に文は適当に変更してよい。
①家庭教師といえば、今では学生がアルバイトでやっているが、イギリスでは、学校へ行くより家庭教師によってほとんどすべての教育が行われるのが、かつては上流階級の子弟では普通のことだった。
②大学生の片手間仕事ではなく、学問識見ともにすぐれた人物が住み込みで指導にあたるケースが多かった。

1.5 基本トレーニング

①と②の内容をとくと見比べよう。

①かつてのイギリスの上流階級では教育は学校より家庭教師によって行なわれた。
②家庭教師はすぐれた人物が行なっていた。

もう一度七つの接続関係をおさらいしよう。

> 付加、理由、例示、転換、解説、帰結、補足

①と②は同方向であるから、転換や補足ではない。
また、①と②では主張内容が異なるから、解説や例示でもない。
付加はどうか。「しかも」など、入りそうに思われる。
だが、付加の接続関係は弱い関係であり、より強い関係が見出されるときはそちらを見るべきである。
そう見てくると、①と②の間に、「教育は学校ではなく家庭教師が行なった。だから、家庭教師はすぐれた人物が選ばれた」という構造が見られるのに気づくのではないだろうか。だとすれば、答えは帰結の接続表現ということになる。
ところで、帰結を表わす接続詞としては、「だから」「したがって」「それゆえ」などがあり、この順に硬い言い方になる。（数学、論理学、哲学などでは「それゆえ」がよく使われる。）内容的には多少違いが見られるが、ここではあまり細かい違いに踏み込むことは控えよう。実際、問12ではどれを用いてもよい。

問12の解答　家庭教師といえば、今では学生がアルバイトでやっているが、イギリスでは、学校へ行くより家庭教師によってほとんどすべての教育が行われるのが、かつては上流階級の子弟では普通のことだった。したがって、大学生の片手間仕事ではなく、学問識見ともにすぐれた人物が住み込みで指導にあたるケースが多かった。

第1章 接続表現に注意する

> **問13** 次の空欄に適切な接続表現を入れよ。
> 　区別は区別された両方のものが存在していなくてはその働きを失ってしまう。すべての人間が正気であり善人であれば、狂気と正気、善人と悪人の区別は無用となるように。だが時に人はこのことを忘れる。例えば周知のごとく、デカルトはわれわれの経験する世界はすべて悪霊(デモン)の欺きであり、幻ではないか、という疑いを彼の議論の初めに置いた。[　　]、歯痛や肩こり、重い病気、喜怒哀楽、食べ物飲み物、こうしたものまですべて幻である、というときにはもう「幻／現実」という区別はぬけがらになっている。幻の金で幻の食事をして幻の腹痛をおこし、幻の医者にさらに幻の金をとられて幻的に怒る、ということになるからである。

　もっとも論理的であることが要求されるのは、このような論争的な文章である。自説を弁護し、相手に反論する。それゆえ、ときに入り組んだものとなるそうした文章を読み解くには、主張の方向に敏感になることがなによりも要求される。それは筆者の言いたい方向の主張なのか、それとも、敵対する相手の方向なのか。そして、その方向の変化が示されるのが「転換」を表わす逆接の接続詞「しかし」や「だが」である。
　問題文には三つ主張が含まれている。整理してみよう。

　　A：区別は区別された両方のものがなければ成立しない。
　　B：時に人はそれを忘れ、すべては幻ではないかと疑う。
　　C：すべてが幻ならば「幻／現実」という区別は成立しない。

　AとBは異なる方向である。それゆえ、Bの前には接続詞「だが」がおかれてある。そしてCで再び方向を転換し、またAの方向に戻る。

　　A　───────→
　　B　←───────
　　C　───────→

構造は、「A。だがB。しかしC」である。

問13の解答　しかし（「だが」でもよい。）

問14　次の(a)、(b)に適切な接続表現を選べ。

アマチュア（amateur）とは、ラテン語のamātor（「愛する人」「愛好者」の意）から生まれた言葉で、現在では世界の共通語として用いられている。(a){しかし／ただし}、イタリア語のアマトーレは、発音の上で「種牛（のような男性）が好き」という意味にもとれるので、イタリアでは、ディレッタンテという言葉が一般的に用いられている。(b){しかし／ただし}、その意味するところは同じである。つまり、アマチュアとはディレッタント（好事家）のことであり、アマチュアリズムとは、一言でいうなら、「道楽」のことにほかならない。

「アマチュア」という言葉は世界共通語である、と主張したのだが、イタリアはちょっと違う。そこでただし書きがつく。「補足」の関係である。
　そして次に、ただし書きで変化した方向を(b)で再び修正して、言いたいことの方向に戻している。こちらは次に言いたいことが続くので転換の接続詞「しかし」を用いる。主張の軽重をきちんと見積もって「ただし」と「しかし」を使いわけること。

問14の解答　(a)ただし　(b)しかし

以上、重要な接続関係を問題形式で一通り見てきた。七つの論理関係を言えるだろうか。とくに注意すべきポイントは次の二点。これが基本である。

---

(1)主張の方向を見定める。
(2)主張の軽重を見積もる。

1.6 実践トレーニング

では、これを踏まえて、さらに実践的なトレーニングへと進んでいこう。

> **問15** 次の(a)—(c)に適切な接続表現を選べ。
> 　私たちの日常的な推論は、抽象的で一般的な形式に沿って行なわれるのではなく、領域固有性をもっている。(a){しかも／だから／つまり}、それぞれの領域ごとの知識を使って、前提を解釈したり、推論を補ったりする。そのために、領域が違うと形式上まったく異なる推論をすることがよくある。そしてまた、ある一定の推論様式を訓練したとしても、なかなか他の領域でそれが使えるようにはならないのである。(b){たとえば／しかし／ただし}、医者が病気を診断するのと、車の修理工が故障の原因を見つけるのは、形式上同じ推論と言える。(c){しかも／しかし／ただし}、医者が車の故障を調べるときには、おかしな推論をしてしまったりする。

　まず(a)の接続関係を検討しよう。
　「領域固有性」ということが分かりにくいかもしれない。とりあえずは、文字通りだが「推論が領域ごとに固有な在り方をすること」として捉えておこう。
　(a)の後に続く内容はどうだろうか。論点の付加があるかどうか、チェックしてみてほしい。
　どうやら新しいことは言っていなさそうである。とすれば、「しかも」は使えない。「領域固有性」といういささか難しい言葉を用いたので、敷衍して解説していると見るのが適当だろう。「だから」は使えそうにも思われるかもしれないが、「領域固有性がある。だから領域ごとに独自なのだ」というのでは、あまりに同じことの繰り返しなので、「だから」を使うには気が引ける。

　とはいえ、まだこの解説もちょっと難しい。そこで医者と車の修理の例でさらに具体的に解説を加えている。内容的に方向転換は見られないので「しかし」も「ただし」も使えない。

(c)はどうか。接続関係にあるのは次の二つの内容である。

A：医者の推論と修理工の推論は形式上同じ。
B：医者が車の修理をするときにはおかしな推論をしてしまう。

主張の方向は変化している。「形式上同じ」なのに「うまくいかない」というわけである。
しかも、言いたいことはAではなく、Bの方にある。だとすれば、ここは「ただし」ではなく、「しかし」を使うところである。

問15の解答　(a)つまり　(b)たとえば　(c)しかし

問16　適切な接続表現を選べ。
　技術と科学では、発見や発明に対する栄誉ないし報酬の与え方は大きく違っている。技術上の発明の場合には、特許制度により私的所有権とそれに伴う経済的報酬が与えられる。それに対して、科学上の発見については、特許制度のようなものはなく、私的所有権は認められていない。{しかも／すなわち／それゆえ}、発見を行った科学者は自らの発見の所有権を主張して、それを独占することによって経済的利益を得ることは許されていない。

なかなか微妙である。
　問題の接続詞がつないでいる前後がほぼ同じ内容なら「すなわち」の線が強い。主張が付加されていれば「しかも」の可能性があるが、より強く、二つの主張が根拠づけの関係になっているならば、「それゆえ」となる。
　問題となる前後の内容を書き出して比べてみよう。

A：科学上の発見には私的所有権はない。
B：科学者は自分の発見の所有権によって経済的利益を得ることはできない。

もし科学的発見に私的所有権があるならば、特許の場合のように、それによって経済的利益が得られるだろう。しかし、私的所有権がないのだから、それによって経済的利益を得ることはできない、というわけである。とすれば、これは根拠づけの関係とみなせる。

だが、もう少し考えてみよう。「しかも」や「すなわち」ではだめなのだろうか。根拠づけというより強い関係がある以上、「しかも」は最適とは言えないが、「すなわち」を選んで、どこがおかしいのだろうか。じっくり読んでみていただきたい。なんだか、「すなわち」でもよいような気がしてくるのではないだろうか。

だが、だめなのである。

それをチェックするひとつの方法を教えよう。BとAの順序を逆にしてみるのである。

　　B：科学者は自分の発見の所有権によって経済的利益を得ることはできない。
　　A：科学上の発見には私的所有権はない。

「B。□□□、A」で空欄に「すなわち」を入れることができるだろうか。入れて読んでみてほしい。

どうもしっくりこないだろう。Bを先に言ってしまうと、なんだか「所有権はあるのだが、それによって経済的利益を得ることはできないのだ」と言われているように読めてくる。そこで「すなわち、私的所有権はないのだ」と言われると、流れが奇妙になってしまう。

このことは、「A。□□□、B」というもとの順序でも、「しかも」や「すなわち」はうまくないことを示唆している。

一般に、「すなわち」はほぼ同じ内容の言い換えであるから、ひっくり返しても成り立ちやすい。

このことはまた、「そして」や「しかも」についても言える。論点の付加の場合も、順序をひっくりかえすことがそれほど無理なくできる。

逆に、ひっくりかえすと奇妙になる場合には、その論理関係は言い換えや付加ではないということである。

では、「B。□□□、A」で、空欄に何を入れるのが適当だろうか。

そこで、「なぜなら」が自然に出てくるだろう。「科学者は自分の発見の所有権によって経済的利益を得ることはできない。なぜなら、そもそも科学上の発見には私的所有権がないからである」、というわけである。

そして、「B。なぜなら、Aであるから」が言えるのであれば、「A。だから、B」が言えることになる。

この「逆転チェック法」はもちろん万能ではないが、なかなか有効なチェック法である。AとBの接続関係に迷ってしまったら、ひっくり返して「B─A」の接続関係を考えてみてもよいだろう。

問16の解答　それゆえ

問17 適切な接続表現を選べ。

たとえば、私がパリの知人たちとおしゃべりをする際、よく「あなたの生まれた高知というのは、東京からどのくらいの距離のところにあるのか」とか、「その高知にはどれくらいの人が住んでいるのか」とか、具体的な数値をたずねられることが多いが、これは私たち日本人がもっとも苦手とする質問なのではあるまいか。

なるほど、東京での「けっこう広い宅地」が50坪程度であったりすることはビバリーヒルズの住人には予測しようもあるまいし、「かなりの混雑」が東京のラッシュ時の殺人的な電車のものであることなど、サハラの遊牧民にとっては想像を絶してもいるだろう。(a) ｛したがって／しかし／むしろ｝、人種の坩堝であるパリでは、数値にたよるしかないのが当然であるということとともに、逆にまた、日本がいかに横並びの均質な社会となり、ビバリーヒルズをもサハラをも想像しえない所となってしまっているかということにも、私たちは気づかねばなるまい。(b) ｛つまり／しかも／しかし｝私たちは、多くの場合、仲間内で理解しあうたぐいの言葉しか持ちあわせていないため、外部の人々に対するあいまいさをかもし出しているのである。

(a)の論理関係について、その前に「なるほど」があるので、譲歩の構文だと思って「しかし」を選んだ人がいるかもしれない。まんまとひっかかったという感じである。前後の内容を並べて見てみよう。

　　A：ビバリーヒルズの住人には東京の「広い宅地」は予測できないし、
　　　　サハラの遊牧民には東京の「かなりの混雑」は想像もつかない。
　　B：人種の坩堝であるパリでは、数値に頼るしかない。

AとBは同方向の内容である。だとすれば、「しかし」を用いるわけにはいかない。

さらに、「広い」や「かなりの混雑」といった定性的な表現は異文化の相手には伝わらない、というのがAの趣旨であるから、Bの「異文化の人間が混在しているところでは定量的に述べるしかない」ということはAから帰結すると考えられる。

では、譲歩の構文ではないならば、どうして「なるほど」という言葉がその前に使われているのだろうか。

ここでは、「数値にたよるしかない」という結論を引くために、その前提として誰もが認めるだろうようなことを出していると考えられる。「だって、東京の『けっこう広い宅地』が50坪程度だなんて、ビバリーヒルズの人には分からないでしょう」と言われれば、「そうだよな」と思う。「だから数値にたよるしかないんですよ」と結論を言われて納得する。「この前提は認めざるをえないでしょう」という気分が、「なるほど」という言葉を選ばせたのである。譲歩しておいて転換するのではなく、認めさせておいて、そこから帰結を引くというやり方である。

次に(b)の論理関係を検討しよう。主張の方向は同方向であるから「しかし」ではなく、また、とくに新たな論点が付加されているわけでもないから「しかも」もおかしい。比較的簡単に「つまり」を選ぶことができたのではないだろうか。

とはいえ、一点注意していただきたい。この「つまり」は直前の文の解説

ではない。直前の文だけを考えると、「つまり」の前後がきちんとした言い換えの関係になってはいないのである。むしろ、この「つまり」はここまで述べてきたことを総括するような意味で出されていると考えるべきだろう。

問17の解答　(a)したがって　(b)つまり

さて、次の問題は、ちょっと嫌な形式かもしれない。それほど難しくはないが、じっくり読まないと答えられない。じっくり、どうぞ。

問18 次の文章中、一箇所不適切な接続表現がある　その箇所を指摘し適切な接続表現に修正せよ。

日本人は、個よりも集団を優先し、集団を形成することで個の確立をはかるという傾向をもっている。

だが、集団の規範に従い、それをむしろ自己の内面へと取り込み、それ自体があたかも「自分」であるかのように生きることは、真面目、几帳面、世間体を気にする性格、つまり、秩序指向性や対他配慮性を特徴とするうつ病になりやすい性格を形成する。こういう性格は一見望ましい性格のように見えるが、必ずしもそうではない。あまりにも規範に執着しすぎると、それが重荷となって疲れてしまったり、また、それが全うできない不可能性にぶつかったりする。そのとき、無能感や自責感などの感情反応を引き起こす。それがうつ病である。したがって、日本人（とくに成人期以降）にはうつ病が多いのである。

ところが、若者たちには、大人のような典型的なうつ病は稀である。それは、彼らがまだ発達の途上に位置し、人格の枠組みが一定のものとして完成されていないからである。しかも、親や教師の言いつけ、さらには世の中のルールや校則に過度に自らを適応させてきた若者の中には、自我の目覚めに伴い、規範に忠実であることに矛盾を感じ始めたり、また、年齢の上だけで規範が急に緩和されたり取り除かれたりすると、若さゆえの高い衝動性と重なり、うつ病よりももっと混乱した自己を見失う事態に陥る場合がある。

狙いどころはそれほど多くはない。まず目につくのが、最初の段落の最後にある「したがって」だろう。これは次のような根拠づけの関係を示している。

　日本人は集団を通して個を確立する傾向をもつ。
　集団の規範を内面化して自己形成することは、うつ病になりやすい性格を作る。
　したがって、
　日本人はうつ病になりやすい。

この関係が確認できたならば、「したがって」は適切な接続詞と認められる。
　次に目につくのは「しかも」だろう。「しかも」という接続詞には、主張を付加し、先立つ主張を補強する働きがある。(たとえば、「あの店はおいしい。しかも、安い」のように。) 実際、続く文の中には「さらには」といった表現もあり、「しかも」と呼応しているようにも見える。だが、あわててはいけない。
　第三段落の議論を整理してみよう。

　①若者には大人のようなうつ病は少ない。
　②若者の人格は完成されていない。
　③集団の規範に過度に適応してきた若者は、うつ病より混乱した事態になることがある。

まず①と②の関係を見よう。
②は①の根拠を与えている。第二段落の内容を踏まえ、次のような論証が為されているわけである。

　規範を内面化して人格形成することがうつ病につながる。(第二段落)
　若者は人格形成が完成していない。(②)
　それゆえ、
　若者はうつ病になりにくい。(①)

そこで次に①と③の関係を見るならば、その主張の方向は異なっていることが分かるだろう。「①うつ病は少ないが、②もっと混乱した事態になることがある」というわけである。つまり、③の前で議論の流れは転換しているのである。とすれば、ここで「しかも」を使うことはできない。

さらに、③の主張はたんなる補足よりも重い主張とみなせる。それゆえ「ただし」を使うこともできない。転換を示す逆接の接続詞が答えである。

問18の解答　「しかも」を「しかし」(「だが」等) に変える。

次は少しあっさりした問題をやろう。

問19　[　]内の接続詞をそれぞれ1回ずつ、次の文章中の適切な4箇所に挿入せよ。
　　[しかし、すなわち、つまり、たとえば]
　①人間にとって、性と繁殖は密接に結びついた概念です。②人間にとって、セックス抜きの繁殖は、人工的な操作による以外ありえないことです。③ほとんどの人々は、性は繁殖の手段であると思っていることでしょう。④生き物は人間のようなものばかりとは限りません。⑤人間のような生物は、ごく最近現われた奇妙な変わりだねともいえます。
　⑥性というものが始まったそもそもの理由は、繁殖とは何の関係もありませんでした。⑦現在でも、人間とかイヌやネコとか私たちに身近な動物を離れて、生き物の多様な世界を見渡すと、性など介在させずに繁殖を行っている生き物はいくらでもあります。⑧ジャガイモは、切って埋めておけばまた新しいジャガイモが生まれてきます。⑨明らかにこうやってジャガイモは増えたのですが、そこには性というものは関係していません。⑩多くの植物はさし木で増やすことができますが、ここにも雄と雌の間の複雑なやりとりは含まれていません。⑪自分と同じような物を再生産していくということに関する限り、性などというものを使わずにその仕事をしている生き物はたくさんいるのです。

まったく難解なところのない平明な文章であるが、何か接続詞を入れなくてはいけないと考えるだけで、読む緊張が高まるのではないだろうか。それが、トレーニングになる。ひとつひとつ、文と文の関係を確認しながら、気を抜かずにじっくり読んでいただきたい。

　それでは、全体の議論の流れを確認しながら見ていこう。
　まず、①「人間にとって性と繁殖は密接に結びついた概念」と言われる。続く②「人間は性なしに繁殖できない」は主張①とほぼ同じ内容であり、接続関係としては「解説」ととらえられる。
　そして③「ほとんど誰もが性は繁殖の手段だと思っている」まで、性と繁殖のつながりが確認される。ところが次の④で、「生き物は性と繁殖が結びついたものばかりではない」と言われる。ここに「転換」がある。
　それを受けて、⑤「人間は最近現われた変わりだね」、⑥「性が始まったそもそもの理由は繁殖と無関係」、さらに⑦「現在でも性を介在させずに繁殖している生き物は多い」、と続けられる。これらは単純に論点を付加しており、とくに接続表現を必要としない。
　⑧～⑩では、ジャガイモの性によらない繁殖の事例が示される。これは主張⑦に対する例示ととらえられる。
　そして最後に、⑪で⑦と同じ主張が結論として繰り返される。

　以上の接続関係を、[しかし、すなわち、つまり、たとえば]を用いて表現すればよい。ただし、①を②で解説するところでも「つまり」を用いることはできるが、⑪が結論的な位置づけをもっているので、「つまり」は⑪の前に使う。それゆえ、②の前は「すなわち」となる。

　問19の解答　しかし：④の前、すなわち：②の前、つまり：⑪の前、たとえば：⑧の前

　では、本章最後の問題に進もう。
　最後にふさわしく、きわめて難しい。私自身も非常に頭を悩ませた文章であり、答えにくいかもしれない。しかし、問題の箇所を巡ってあれこれ考えてみることがトレーニングになる。

答えにくいかもしれないが、チャレンジしてみてほしい。

問20 下線部の接続表現「ただし」に関して、その前後で議論の方向がどのように変化しているのか説明せよ。

現代人のシンボル化された潜在的欲望を読み解くヒントとして、よく持ち出されるのは「豊かさ」「美意識」「差異化」といったキーワードです。この中でも特に「差異化」というのは、検討に値します。

昔は差異化といっても、学歴や富のように、社会全体に共通する少数の基準がありました。そこでたとえば、富のシンボルであるカラーテレビや自動車が売れたりしたわけです。しかしメディアテクノロジー、ことにテレビやカラオケ、電子ネットワークなどが発達した今日では、事情が違います。差異化の仕組みは多様化し、複雑化し、ダイナミックなものとなったのです。「おたく」や「カルト」にその例を見ることができます。しかもその結果以前にもまして、消費は差異化による自己表現機能となってきました。

<u>ただし</u>、差異化といっても、今日のコマーシャリズムはますます巧妙となり、画一的な富やステイタスや知性やセンスを売ろうとはしません。いわく「あなたをよりあなたらしく」「あなただけの本当のあなたを発見するために」「……は新しい個性派ライフスタイルを提唱します」等々。

もとをただせば、大量生産と広告の絨毯爆撃によって、画一的消費という罪を自らまき散らしておきながら、今やそれをさりげなく断罪するポーズをとります。そして、こうしたあくなき個性化の欲求さえも、同一化の枠組みの中へと、果てしなく吸収し、貪欲にも利潤へと還元してゆくのです。

「ただし」と言うからには、予想される方向を多少なりとも修正するような補足であるはずだろう。実際、それに続く「差異化といっても」という言い方は、「差異化といってもちょっと違うんですよ」ということにほかならない。

だが、何が違うのだろう。そこが問題になる。

「ただし」のあとに言われることは、「今日のコマーシャリズムがますます巧妙になってきた」ということである。ところがこれは、その前で言われている「今日では差異化の仕組みは多様化し、複雑化し、ダイナミックなものとなった」ということとまったく同じ方向に思われる。そこで、つなげるとこうなってしまう。

　　昔は差異化も単純だった。
　　しかし、今日では複雑になった。
　　ただし、コマーシャリズムはますます巧妙となった。

これだと、いったい何が「ただし」なんだ、という感じになるのではないだろうか。
　問題文を一読してうまく考えが進まなかった人は、ここでもう一度問題文をじっくり読みなおして再度挑戦してみていただきたい。まったくもって、読めば読むほど、変な「ただし」なのである。

　さて、なぜ「ただし」なのか。ここで著者が「ただし」と言いたくなった、その気持ちは何か。
　まず、「ただし」の前まででこう言われる。

　　自分は他人と違うのだという気分にさせる仕方は複雑になった。自動車を買えばよいというわけにはいかなくなった。

ここで、本文には書かれていないことを補助線として挿入しよう。次の主張がここに隠れている。

　　そうすると、売る方としてもひとつのものが大量に売れるという現象を期待することはできなくなる。

これで「ただし」につなげることができる。
「自動車を買えばよいというわけにはいかなくなり、売る方もひとつのものを大量に売るということができなくなった」ので、売り手としては困った

ことになるかと思いきや、敵もさるもので、「あなたをよりあなたらしく」などと言ってなお売り込みにくる、というわけである。

「差異化」という観点だけから見れば、「ただし」の前も後も、差異化の仕方が複雑になったという同じ方向のことを述べているのだが、これを売り手の観点から見ると、「売りにくくなった→売り方を変えた」という転換がある。この気分が、著者に転換の接続表現を選ばせたのである。

そこで、問題に対する解答としては次のように答えられる。

問20の解答　「ただし」の前までは、「差異化の仕組みが多様化し複雑になり、カラーテレビや自動車を買えば他人との違いを出せるというわけにはいかなくなった」ということが書かれてある。このことは、売り手からすれば、「差異化」というキーワードのもとにステータス・シンボルとなる商品を売りつけるという方法がとりにくくなったことを意味している。それに対して、「ただし」の後では「売り手はさらに巧妙になり、カラーテレビや自動車の場合とは違った形で商品を売ろうとするようになっている」ということが書かれてある。ここにおいて主張の方向は、「売り手がやりにくくなったこと」から「売り手もやり方を変えてきたこと」へと変化している。これが「ただし」という転換の接続表現を著者に選ばせた理由である。

だが、この文章の「ただし」を巡る問題はこれで終わりではない。もうひとつ問題がある。つくづく悩ましい「ただし」なのである。

どうして著者はここで「しかし」を使わなかったのか。これだけ重要な主張ならば、「しかし」で転換した方がよいのではないだろうか。

私はこの問題もしばらく考えこんだ。私の解答を読み進む前に、読者もぜひしばらく考えこんでみていただきたい。

さて、私の答えはこうである。

議論の本線は消費者の意識の方にある。それに対して、「ただし」以下の叙述は売り手の側のやり方についてのものである。それゆえ、「ただし」以降は本線からは逸れるものとみなされたのだと思われる。「消費者の方はかくかくです。ただし、それで売り手が困ったかというとそんなことはなくって、しかじかです」というわけである。

なかなかしんどかったのではないだろうか。
　「ただし」ひとつでこれだけ分析できるのである。おそらくこうしたことは著者自身が意識的に行なったことではない。書き手としては自分の思考のリズムにしたがって自然に「ただし」を選んだのだと思われる。しかし、書き手の側にしっかりした方向性があるならば、なんの気なしに選んだ言葉が、まさにそれでなければならないという必然的な位置をもってくるものなのである。
　とはいえ、正直に感想を言うならば、この文章はあまりよい文章とは言いがたい。差異化の仕組みが複雑化したこと、消費が自己表現であること、そしてコマーシャリズムはそれを食い物にしていること、こうした主張が微妙に異なる方向を向き、言いたいことがはっきりしなくなってしまっているのである。
　私としてはこういう文章はあまり書いてほしくないと思うが、現実にはけっして稀な例ではない。

　そこで提案。ふだんの読書において、ちょっと変な接続表現の使用に敏感になること。そして、そんな表現が見つかったならば、どうしてこの人はここでこの言葉を使ったのだろうと考えてみる。あっさり読んでいたときには読めてこなかったものが読めてくるかもしれない。
　まさに、論理トレーニングのチャンスである。

練習問題1

問21 空欄(a)、(b)に適切な接続表現を選べ。

　読み手の立場に立って書くようにと説くのは、文章作法書の常道である。(a){ただし／しかし／しかも}、そういうあたりまえのことができるのは、書き始める前に、読者層についての一応のイメージが頭の中で固まっているからではないだろうか。もちろん、読者層の広さや性格は、それぞれの文章によってずいぶん違うだろう。(b){だから／しかし／つまり}、多少漠然とであれ、読み手の姿が見えてこないと、言葉づかいひとつ適切に選べない。むだに悪文を書かないためにも、誰が読むのかをつねに念頭におきながら書かねばならないのだ。

問22 次の空欄に適切な接続表現を入れよ。

　ゴキブリはだれもが嫌う。私だって、とくに好きではない。とくに、羽のない雌がいけない。そんなゴキブリがいるか。もちろんいる。オーストラリアには、古典的な虫、つまりほかの世界では滅びてしまったタイプの虫がまだ生き残っている。ムカシタマムシなどという奇妙なグループが栄えているくらいである。ゴキブリは、昆虫の中では古い方の代表である。□□□、オーストラリア大陸には、ゴキブリの種類が多い。無慮一千種。というのはやや誇張だが、よく調べたら、そのくらいは当然いるのではないか。そのオーストラリアのゴキブリの中には、雄はふつう一般のゴキブリ型だが、雌に羽のないのが多いのである。

問23 空欄に適切な接続表現を入れよ。

　人間の脳においては、関心をもった対象に関することについては記憶が活性化され、他の部分は相対的におさえられる。したがってカクテルパーティ効果と呼ばれていることが生じる。□□□、多くの人がそれぞれ勝手なことをしゃべっているパーティの場面では、それらの声がすべて耳に入ってきているにもかかわらず、自分の話し声の相手の声だけがはっきりと聞こえ、他の人の声はほとんどまったく聞こえないということが生じる。

問 24 次の(a)—(c)に適切な接続表現を選べ。

年をとって目が見えなくなったらどうするか。老眼鏡を使えばいい。白内障だって最近は手術でかなりよくなる。耳が遠くなったら補聴器を使えばいい。老人のおもらしにも同じように対処すればいいのだ。ところが私がこの仕事を始めた頃には、対処法がなかったのだ。おもらしが始まると「大人用のオムツをください」と近くの薬局へかけこむ。当時の大人用オムツというと、カバーはテントの生地でできた大きなチョーチンブルマーのようなもの、その中に大量の布オムツをつめ込むのだ。(a){しかも／ただし／だから}カバーのサイズはフリーサイズ。(b){だが／つまり／そして}、大きなお爺さんも、小柄なお婆さんもいっしょなのである。

(c){たとえば／しかも／しかし}、オムツを使う人は、寝たきりの病人だとしか思われていなかったから、起きあがればずれてしまうし、立って歩こうものなら、ストンと落ちてしまうのだ。そこでオムツをつけた下腹あたりをひもで縛って落ちないようにするのだが、これがけっこう力がいる。

問 25 次の文章中、一箇所不適切な接続表現がある。その箇所を指摘し、適切な接続表現に修正せよ。

明治から現在に至る品種改良を通じて新しく育成された稲の品種は、常にそれまでに育成された品種を親としている。つまり、近代の品種改良は、限られた持ち駒をやりくりして作り出されてきたのである。もちろん中には、外国の品種の持つ遺伝子を導入してできたものもないではないが、それらはあくまで例外的である。ただし、交配によっていろいろ変わったものができたとはいっても、似たものが増え続けるばかりで、遺伝的な広がりが大きくなったわけではない。

品種の数は改良によって増えたが、実際に栽培される品種の数は、明治時代以来、減少し続けている。明治36年には日本全国で4000を越える品種が栽培されていた。しかし現在、栽培面積が5000ヘクタール以上の品種は全国に50品種ほどしかない。育成され世に出る品種の数より、衰退して消えていく品種のほうが多いのである。しかも、この50品種のうち、コシヒカリ一品種で日本の全栽培面積の約40パーセントを占めてしまっている。最近では稲の品種は農協単位、さらには県単位で決められることが多く、農家が自発的に品種を選択することは、実質上不可能になりつつある。

問26 次の(a)、(b)に適切な接続表現を選べ。

　当時イギリスでは長いチョッキを着ることが流行し、従来のペンダント・ウオッチはチョッキのポケットに鎖でつないで納められることとなった。ポケットに納める懐中時計にはあえて華麗な装飾を施しても、人目につかなければ衒示的な意味はない。(a){だから／しかし／そして}イギリスの懐中時計はますます装飾性がうすれ、十七世紀末葉以降実用本位のものになってゆく。(b){ただし／そして／つまり}十八世紀になると、イギリスはフランス、スイスを抑え、ヨーロッパ最大の時計の製造国となるのである。

問27 空欄(a)、(b)に適切な接続表現を選べ。

　この数年、CDが立て続けに500万枚前後のセールスを記録するようになった。(a){ただし／たとえば／しかも}、GLAYのベスト・アルバムは昨年［1998年］460万枚を売り上げて以来、次々とベストアルバムがリリースされ、B'zのそれは二枚連続で500万枚売れたという。(b){ただし／しかし／しかも}、その記録はあっさりと新人の宇多田ヒカルが塗り替えた。にもかかわらず、そんなとてつもない大量現象が起きたという熱気が社会にも広がっているという印象は薄い。要するに、一部の人たちだけで大量消費が起きているのである。以前ならばメガヒットは広い層に浸透しなければ起きなかっただけに、隔世の感がある。

問28 次の(a)—(d)に適切な接続表現を選べ。

　ローマ皇帝のなかでも、暴君であるばかりか狂気の変人といえば、カリグラの右に出る者はいない。

　もっとも、現代の学者のなかには、カリグラを早発性痴呆症だと診断する者もいる。たしかに、すさまじいばかりの残虐行為への情熱、露出趣味のサディズムをみれば、彼が精神を病んでいたとしても、おかしくない。(a){しかも／しかし}、カリグラ自身、この精神の病を自覚していたふしすらある。(b){だから／しかし}、カリグラの例をもって同時代の性風俗を語るわけにはいかない。(c){ただし／しかし}、程度の差こそあれ、ほかの皇帝たちにもあてはまることが少なくない。(d){たとえば／しかし}、同性愛の傾向などさらさらなかったクラウディウス帝にしても、女に対する情欲には際限がなく、さらに拷問や処刑を目前で見たがるほど残忍で血を好む性格であった

ことを史料は伝えている。
　ほしいままに権力をふるえる立場の人間ならば、ときに本性をむき出しにふるまうことができる。それが黙認されていた社会であることに後世の人々が頽廃と悪徳の匂いを嗅ぎとっても、おかしくないだろう。

問29 次の(a)、(b)に適切な接続表現を選べ。
　シェイクスピアにおいて、「道化」という多義的な言葉のほとんどすべての相は、血肉をそなえた人物として具体化されている。たとえば、他人を笑わせるつもりなく笑わせ、他人から笑われているのに気づかずに笑われている、無自覚な道化。「生れつきの道化」つまり白痴に近いこの無学な阿呆には、『ヴェニスの商人』の下男、『むだ騒ぎ』で言語誤用を連発する巡査、『冬物語』の羊飼の父子など、低い身分の者が多く、彼らはおおむねドタバタ喜劇的雰囲気に貢献するところの初歩的な道化であるといえよう。(a)｛ただし／しかし｝、この種類に属する最も秀逸な道化として、『真夏の夜の夢』の職人ボットムは格別の注目に値する。夢と現実が交錯するこの芝居で、現実と超現実の二つの秩序をまたいで活躍する妖精パックが能動的道化、神話的トリックスターだとすれば、二つの秩序の間に引き裂かれた受動的道化がボットムである。生身を滑稽な驢馬に変えられた彼は、非現実の世界で妖精の女王ティターニアと睦み合うが、やがて残酷に現実の秩序に投げ返される。二つの次元のはざまできょとんとして目をこすり、「おれの見たとてつもない夢を解こうなんてやつがいたら、そいつは驢馬野郎だ。このおれが、その、なんだ、それから、この頭にゃ、でかい——いやいや、とんでもねえ、おれの頭に何が生えていたか言おうなんてやつがいたら、そいつはべらぼうな道化野郎よ」としどろもどろに呟くとき、哀れな阿呆ボットムは至上の道化となるのである。
　(b)｛ただし／しかし｝、最もシェイクスピアらしい道化といえば、『お気に召すまま』のタッチストーンや『十二夜』のフェステに代表される「宮廷道化」であろう。彼らは低能どころか、たいてい主君たちよりも頭が切れる。何を言っても咎められないという特権に守られて、機知でひねった鋭い風刺を放つとき、彼らは「苦い道化」とか「辛辣な道化」と呼ばれる。これらの名道化を作っただけでも、シェイクスピアは喜劇の歴史に不滅の名をとどめたにちがいない。

第 2 章

議論の骨格をつかまえる

　議論は骨をもっている。その骨格をつかまえねばならない。それはときにかなり複雑な構造をもつこともある。それをきちんと把握するためには、議論を整理してとらえていかねばならない。本章では、そのための整理棚を与え、それを用いて議論の骨格をつかまえるトレーニングをしよう。

　整理棚それ自体は単純な方がよい。もちろん、単純な整理棚ではそれに納まりきれないものも出てくるだろう。だが、だいじなことは議論の骨組みをつかまえることである。まず議論の幹を押さえ、それから枝葉を茂らせていくのであり、逆ではない。

　第1章では七つの接続関係を見たが、ここでは、それを〈解説〉〈根拠〉〈付加〉〈転換〉という四つのカテゴリーにまとめる。「例示」は〈解説〉に含める。「理由」と「帰結」はまとめて〈根拠〉として扱う。そして「補足」は議論の枝葉であるから、切り捨てることにする。

　以下、それぞれの接続関係を次の記号を用いて表わす。

```
解説    A＝B
根拠    A⟶B （A。だから、B）
付加    A＋B
転換    A⤻B （A。しかし、B）
```

2.1 解説・根拠・付加・転換

議論の骨格をつかまえる仕方を説明する前に、問題としては第1章の復習という感じになるが、まずは、〈解説〉〈根拠〉〈付加〉〈転換〉の四つの関係について、基本的な問題をこなしておくことにしよう。

問30 適切な接続表現を用いて「①。□□□、②」という文章を作り、その接続関係を記号で表わせ。ただし、内容を変えない程度に文は適当に変更してよい。
①競争は弱肉強食の結果をもたらす。
②できるだけ競争を制限して弱者も生きていけるように配慮すべきである。

---

①「競争は弱肉強食の結果をもたらす」は、②「競争を制限して弱者も生きていけるように配慮すべき」の根拠を与えている。

ただし、一言つけ加えておけば、①だけから②が帰結するわけではない。「弱者を虐げるのはよくない」という前提が暗黙のうちに働き、しかるに①「競争は弱者を虐げる」、だから、②「競争は制限すべきだ」というわけである。

問30の解答 競争は弱肉強食の結果をもたらす。だから、できるだけ競争を制限して弱者も生きていけるように配慮すべきである。
①——→②

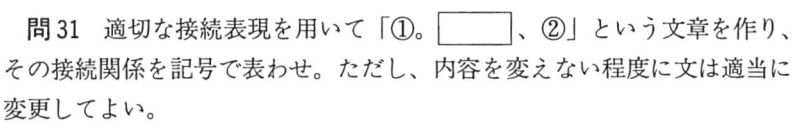

問31 適切な接続表現を用いて「①。□□□、②」という文章を作り、その接続関係を記号で表わせ。ただし、内容を変えない程度に文は適当に変更してよい。
①試験のときのカンニングは見つかれば退学、停学などのペナルティを食らう。
②見つからないかぎりはやった方が得、やらねば損である。

2.1 解説・根拠・付加・転換

解説と見るのはいかにも無理だが、根拠はどうか。①「カンニングはペナルティを食う」、だから、②「見つからないかぎりやった方が得」。しかし、①から「見つからないかぎりやった方が得」という結論を出すことはできそうにない。ここは転換と見るべき。

全体を譲歩構文と考えることができるだろう。「なるほど見つかればペナルティだが、しかし、見つからないかぎりはやった方が得」、不心得な意見ではある。

接続関係の図示は、これを前のページの四つの記号を利用して表現する。

問31の解答　試験のときのカンニングは見つかれば退学、停学などのペナルティを食らう。しかし、見つからないかぎりはやった方が得、やらねば損である。
① ⤴ ②

問32　適切な接続表現を用いて「①。□□□、②」という文章を作り、その接続関係を記号で表わせ。ただし、内容を変えない程度に文は適当に変更してよい。
①恥の倫理は一神教の神の存在を前提にした罪の倫理に比べて低級である。
②恥の倫理に従えば、他人の目が恐いだけで、他人に知られなければ何をしてもよいということになる。

---

①と②の関係は、転換ではないことは明らか。

では解説と見ることはどうだろうか。まったく不可能というわけではない。①の「低級である」ということの内容を②で説明していると見るのである。しかし、やはり②は①の理由を示したものと捉えるのが順当だろう。②「他人の目に知られなければ何をしてもよいことになる」。だから、①「恥の倫理は低級だ」、というわけである。

そして、「②。だから、①」が成り立つのであれば、「①。なぜなら、②」が言える。一般に、AがBの帰結であれば、BはAの理由となる。

問32の解答　恥の倫理は一神教の神の存在を前提にした罪の倫理に比べて低級である。なぜなら、恥の倫理に従えば、他人の目が恐いだけで、他人に知られなければ何をしてもよいということになってしまうからである。

　①←──②

　もちろん、「恥の倫理は他人への感受性の上に成り立っている。だから、恥の倫理の方が高級である」という議論も可能だろう。まあ、いまはそういうことは問題ではない。そうした反論の仕方は第Ⅱ部で練習する。

　ところで、解説と根拠はときにその区別が微妙になる。次の問題を考えてみていただきたい。

　問33　次の①、②、③の関係は〈解説〉〈根拠〉〈付加〉〈転換〉のどれと考えられるか。
①個々人が自由に自分の意見をもてるとしても、もし報道の自由がなければ、それはかたちだけのものにすぎない。
②まず、事実をはっきり知る。その上で、自分なりの価値観に照らして判断を下す。それが、意見なのだ。
③事実を知らされなかったり、事実でないことを事実と思いこまされたりしたら、当然その分だけ、判断はゆがむ。他人の操作がそこに入りこむ。そんなものは、厳密には自分の「意見」と言えない。

　とくに問題にしたいのは、①「報道の自由がなければ思想の自由も成り立たない」と、②「事実を知った上で下された判断が意見なのだ」との関係である。
　②では「意見」ということを、それゆえ「自分の意見を持つ」ということがどういうことなのかを、説明している。そう見るならば、②は①の解説ということになるようにも思われる。しかし、②における「意見」に対する筆者なりの意味づけが、①の主張の根拠を与えていると見ることもできる。どちらだろうか。

2.1 解説・根拠・付加・転換

　一般に、BがAの解説になっているとき、Bは内容的にAとほぼ等しいことになる。そして、両者が内容的に同じならば、論理的に言ってAからBは当然のごとく帰結するのである。それゆえ、解説と帰結の関係はしばしば微妙なものとなる。「つまり」などはそこを曖昧にした接続表現であるとも言えるだろう。

　とはいえやはり違いはある。解説はあくまでも内容的には繰り返しであるが、帰結を引くときには、少しでも議論を先に進めようとしている。そこにおいて、議論の展開、流れは、ニュアンスを越えた差異をもつのである。その違いを見てとるには、多少踏み込んだ分析をしなければならない。

　ひとつのチェック・ポイントは、主張①を読んで、読者がどういう反応をするだろうか、という点にある。
　「個々人が自由に自分の意見をもてるとしても、もし報道の自由がなければ、それはかたちだけのものにすぎない」
　この主張を読んで、「どういうこと？」と反応するか、「なぜ？」と反応するか。前者ならばその問いかけに応じた②は解説であり、後者ならば根拠づけということになる。
　あなたはどちらの反応をしたくなるだろうか？
　主張①は言葉も平明であり、読んで内容が分かりにくいところはない。とすれば、ここで「どういうこと？」という反応は起きにくいだろう。むしろ、思想の自由と報道の自由がどうしてつながるのか、その理由を問いたくなるところである。

　もうひとつのチェック・ポイントは、前章でも述べたことだが、「A。すなわち、B」が言えるならば、多くの場合にその逆、「B。すなわち、A」も言えるだろう、という点である。では、「②。すなわち、①」と言えるかどうか、逆転チェック法で検討してみていただきたい。
　どうだろうか。

　　②事実をはっきり知った上で下した判断こそが意見である。すなわち、①報道の自由がなければ自由に意見をもてることもかたちだけになってしまう。

無理とは言いきれないが、無理っぽい。この順序だと、「②事実をはっきり知った上で下した判断こそが意見である。だから、①報道の自由がなければ自由に意見をもてることもかたちだけになってしまう」、と帰結の関係をつけたくなる。

そして、「②。だから、①」となるのであれば、逆に、「①。なぜなら、②」とならなければいけない。

③はどうだろうか。

③では、「事実を正しく知らずに下された判断は自分の意見とは言えない」と言われる。他方、②では「事実をはっきり知った上で下された判断こそが自分の意見と言える」と言われていた。両者はほぼ同じ内容である。それゆえ、③は②の解説と見るのが順当だろう。実際、逆転チェック法を使っても、「③。すなわち、②」と違和感なく言える。とはいえ、ここはいっそう微妙であり、根拠と答えてもまちがいとは言えないだろう。

　問33の解答　②は①の根拠。③は②の解説。
　ちなみに、記号を用いて図示すればこうなる。　①←──②＝③

問34 適切な接続表現を用いて「①。　　　、②」という文章を作り、その接続関係を記号で表わせ。ただし、内容を変えない程度に文は適当に変更してよい。
①今日の巨大なオフィス・ビルの中では、時計を見ない限り、夜なのか昼なのかすら分からないような状況になっている。
②電灯は、たんに光ということだけでなく、人工的空間の中にあって時間の感覚を組み換えるものとなったとも言える。

主張①それ自体は平凡な指摘である。そこで読者としては、「それで？」とか「だから何？」と促したくなるだろう。すると筆者は、「それでね」とか「だからね」とか続けることになる。前者ならば付加であり、後者ならば帰結である。どちらだろうか。

内容から判断して②は①の帰結である。すなわち、①「夜なのか昼なのか分からない」、だから、②「時間の感覚が組み換えられる」、というわけである。

帰結を示す接続詞はいくつか考えられる。解答は一例である。

問34の解答　今日の巨大なオフィス・ビルの中では、時計を見ない限り、夜なのか昼なのかすら分からないような状況になっている。したがって、電灯は、たんに光ということだけでなく、人工的空間の中にあって時間の感覚を組み換えるものとなったとも言えるだろう。
①——→②

問35　適切な接続表現を用いて「①。□□□、②」という文章を作り、その接続関係を記号で表わせ。ただし、内容を変えない程度に文は適当に変更してよい。
①電子レンジは、それに適合する特有の料理を生み出したわけではなかった。
②電子レンジは、加熱時間を圧倒的に短縮し、レトルト食品という二十世紀的食品の普及をうながした。

---

①と②は主張の方向が異なる。
①「特有の料理は生み出さなかった」のならばそれほど革新的ではなかったのかといえば、そうではなく、②「レトルト食品をうながした」ので、やはり革新的だった、というわけである。そこで「転換」の接続表現を使う。解答は譲歩構文にしてみたが、「たしかに」は別になくともよい。

問35の解答　たしかに、電子レンジは、それに適合する特有の料理を生み出したわけではなかった。しかし、電子レンジは、加熱時間を圧倒的に短縮し、レトルト食品という二十世紀的食品の普及をうながしたのである。
①⌒②

> **問36** 適切な接続表現を用いて「①。□、②。□、③」という文章を作り、その接続関係を記号で表わせ。ただし、内容を変えない程度に文は適当に変更してよい。
> ①精神科医とはいったい何者なのか。私なりの表現をすればこういうことになる。「狂気という物語を読み解き、それを『病気の克服』という物語へと編集し直す者」、と。
> ②精神科医は物語の作者ではない。
> ③患者の人生へ編集者として助言や手助けなどの関与をする。

　主張①を読むと、そのいささか晦渋な言い回しに、「どういうこと？」という問いかけが自然に出てくるだろう。そこで筆者は②と③で①の解説をする。

　次に、②と③の関係については、いささか複雑なことを述べなければならない。②は①がもつ否定的側面を取り出し、③は①の肯定的側面を取り出している。そこで、私としては、②と③をつなぐのに「むしろ」という語を用いたいように感じる。第1章で述べたように、一般に、否定形の主張に肯定形の同方向の主張を付加するとき、「むしろ」を用いることができるからである。すると、次のようにつなげることができる。

　「精神科医は物語の作者ではない。むしろ、患者の人生へ編集者として助言や手助けなどの関与をする存在なのである」

　これはこれで正解にしてよいと思う。ところが、悩ましいことに、原文は「しかし」になっているのである。②と③は主張としては同じ方向を向いているはずなのに、なぜだろうか。実際、「しかし」を用いた原文に不自然さは感じられない。まず、問36の解答として原文をそのままのせてみよう。

　問36の解答　精神科医とはいったい何者なのか。私なりの表現をすればこういうことになる。「狂気という物語を読み解き、それを『病気の克服』という物語へと編集し直す者」、と。つまり、精神科医は物語の作者ではない。しかし患者の人生へ編集者として助言や手助けなどの関与をする、というわけである。

2.1 解説・根拠・付加・転換

　最後の「というわけである」という言い方について一言説明しておこう。「というわけである」は、「つまり」にかかっている。「つまり……というわけである」と挟み込むことで、②だけでなく②と③が合わさって①の解説になっていることが示される。すなわち、「①。つまり（②。しかし③）というわけである」のようになる。いわば、「というわけである」にカッコの役割をもたせているのである。

　このような構造を表わすのに、次のようにカッコを用いて図示することにしよう。

　　　①＝（②＋③）

　さて、改めて問題にしよう。ここで、付加の関係であるにもかかわらず、「しかし」を用いた筆者の気分はどういうものなのだろうか。また、なぜそれで不自然ではないのだろうか。

　実は、「しかし」という接続詞はなかなか曲者なのである。一般に「しかし」は逆接の接続詞と言われるが、必ずしもそうではない場合もある。たとえば、「この店は安い。しかし、うまい」においては、ともにその店を称賛するという点で同じ方向の主張となっている。この「しかし」は流れを転換するものではなく、単純に主張を付加するものにほかならない。それゆえ、「安い。しかも、うまい」と言ってもいっこうにおかしくはない。ところが、「安いならばまずいだろう」という通念があるため、この「まずい」という連想の方向を断ち切ろうとして、「しかし」を使うことになる。

　問題文の場合にも、「精神科医は患者の物語を作る作者ではない」という主張が、「だから患者には関与しない」という方向への力をもっていると感じられるため、「しかし、編集者として関与をする」とつながっていったのだと考えられる。

　解答は原文を挙げておいたが、この「しかし」は転換の接続関係を表わすものではなく、付加「②＋③」である。

　以上で、〈解説〉〈根拠〉〈付加〉〈転換〉に関する基本練習を終える。次に、これらの関係をもとに議論の骨格をとらえる作業に入ろう。

2.2 議論ユニット

議論を読むとき、もっとも重要なことは議論を構成する幹の部分と枝葉の部分とがきちんと識別できることである。入り組んだ議論も、枝葉を落としてみると、しばしば意外とすっきりした姿を見せてくる。ともかく議論の骨格をしっかりつかまえなければいけない。

議論の骨格をとらえる作業は基本的に次の二つのステップから成る。

---
(1)解説と根拠をまとめて主張提示文をマークする。
(2)主張提示文を付加ないし転換の関係で接続する。

順に説明しよう。

議論を構成する文章は複数の文から成り立っているが、文の数だけ主張があるわけではない。しばしばあるまとまりがひとつの主張を成している。そこで、そのまとまりの主張をもっともよく表わした文を「主張提示文」と呼ぶことにする。

主張提示文の取り出し方には次の二つのタイプがある。

(1)AとBが解説（A＝B）の関係にあるとき、それは内容的にはひとまとまりとなる。そこで、AかBのいずれか、より内容をコンパクトかつ的確に表現している方を主張提示文とする。

(2)AがBの理由を与えているとき（A⟶B）、基本的に言いたいことはBであり、Aはその正当化のために使われている。そこで、主張提示文としてBを取り出す。

主張提示文は、いわば建物の正面である。そこで、一通りその建物の内部（解説、根拠）を見たならば、主張提示文だけをマークして、解説や根拠の部分はカッコに入れておく。こうすることによって議論が整理され、骨格が見やすくなる。

図示するならば、次が議論の流れを構成するユニットである。

2.2 議論ユニット

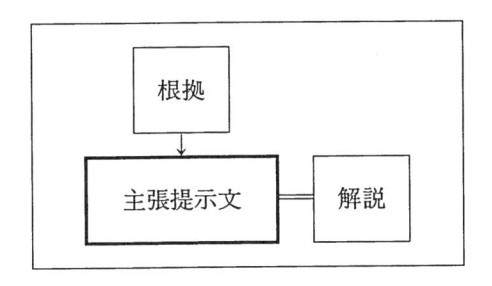

```
        ┌──────┐
        │ 根拠 │
        ┌─┴──────┴─┐┌──────┐
        │ 主張提示文 ││ 解説 │
        └──────────┘└──────┘
```

　こうして、議論の眺めはいっそうすっきりしたものとなる。主張提示文を正面に向けた建物が建ち並んでいる。そしてその建物の中には、その主張に対する解説と根拠が納まっている。

　もちろん、この構造はさらに複雑に入れ子状になりうる。根拠の部分がさらに解説されたりもするだろう。しかし、ともあれまずこのように大きくつかんでおくことがだいじである。

　さらにもう一点補足しておくべきだろう。

　AとBが「A─→B」のように理由・帰結関係にあるとき、つねに言いたいことがBの方にあるわけではない。「B。なぜなら、A」のように述べられ、言いたいことがむしろ理由のAの方にある場合もある。

　「A。だから、B」という流れでBに言いたいことがあるようなタイプを「論証型ユニット」と呼び、「B。なぜならA」という流れでAに言いたいことがあるようなタイプを、それに対して「解明型ユニット」と呼ぶことができるだろう。

　先に述べた議論ユニットは論証型であった。解明型の場合には、ユニットの正面は言いたいことではなく、むしろ解明されるべき課題となる。それゆえそれは「主張提示文」というよりは「問題提示文」と呼ぶべきだろう。まず問題を提示し、それから建物の中へといざなうのである。

　実際には、問題提示文はしばしば疑問文で書かれる。たとえば、「ひとはなぜ夢を見るのだろうか」のように問題が提示され、ひとが夢を見る理由がそのあとで述べられる。このような場合、もちろん、「ひとは夢を見る」ということが言いたいことになるわけではない。

解明型ユニットの場合には、次のように図示できるだろう。

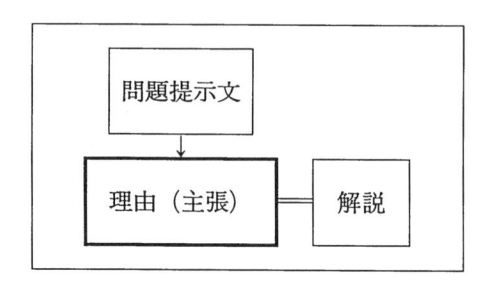

```
┌─────────────────────────────┐
│      ┌──────────┐           │
│      │ 問題提示文 │           │
│      └────┬─────┘           │
│   ┌───────▼────┐  ┌──────┐  │
│   │ 理由（主張）├──┤ 解説 │  │
│   └────────────┘  └──────┘  │
└─────────────────────────────┘
```

しかし、とりあえずは論証型ユニットに基礎をおき、それを押さえることを練習しよう。

さて、ユニットとなる建物を見たならば、次は建物の配置、それらユニット相互の接続関係であるが、そのつながり方は次のいずれかとなる。

```
┌─────────────────────────────────┐
│ (1)同方向の主張が付加される。 A＋B │
│ (2)主張の方向が転換される。  A ⌢ B │
└─────────────────────────────────┘
```

そこで、主張の方向性を見失わないこと、そして方向転換のポイントを見逃さないこと、これが議論の流れを読み解くさいの鍵となる。

先に挙げたポイントを繰り返しておこう。

```
┌──────────────────────────────────────┐
│ (1)解説と根拠をまとめて主張提示文をマークする。 │
│ (2)主張提示文を付加ないし転換の関係で接続する。 │
└──────────────────────────────────────┘
```

2.3 主張提示文を取り出す

では、主張提示文を取り出す問題をやってみよう。

問37 次の文章における主張提示文をすべて取り出せ。

①未開社会では人々は狩猟で獲れた鳥獣や魚を平等に分け合う。②ここでは、金持ちほどたくさんの獲物を手に入れるといったことはない。③こういう社会は今日でもアマゾンの奥地のインディオの社会のように、地球上の一部地域に存在しており、時折、テレビのドキュメンタリー番組などで紹介され、「ケンカもなく、すべてを平等に分け合っています」などというナレーションが入る。しかし、④実は未開社会でも、ただでは平等な分け前にあずかることはできない。⑤平等な分け前にあずかることができるのは、狩りにおける平等な働きが前提になっているからである。つまり、⑥未開社会では、直接的な労働サービス（狩り）の提供が、獲物の分配手段として利用されているのである。

「主張提示文」とは、それを解説した部分、またそれを正当化する根拠を示した部分をカッコに入れて、いわばその主張の「正面部分」を取り出したものであった。

まず解説の関係に注意して問題文を整理してみよう。

　　①未開社会では獲物を平等に分け合う。
　　②～③は①の解説。
　　④未開社会でもただで平等な分け前にあずかれるわけではない。
　　⑤平等な分け前は狩りにおける平等な働きが前提。
　　⑥は⑤を解説し、結論的に述べたもの。

全体はまず、(①～③)、④、(⑤～⑥) のまとまりに分けられる。そこで、それぞれのまとまりを①、④、⑤で代表させておこう。

次に、①、④、⑤に根拠の関係がないか調べる。

⑤の文末が「からである」になっていることに気づくだろう。これは、⑤

が④の理由であることを示している。

そこで、これら解説と根拠の部分をカッコに入れ、主張提示文を取り出す。

問37の解答　①、④

さらに①と④の関係を見るならば、④の前に「しかし」があり、ここで主張の方向が転換していることが分かる。①「未開社会では獲物を平等に分け合う」が、しかし、④「ただで平等な分け前にあずかれるわけではない」、というわけである。

以上をまとめて全体を記号を用いて図示するならば、次のようになる。

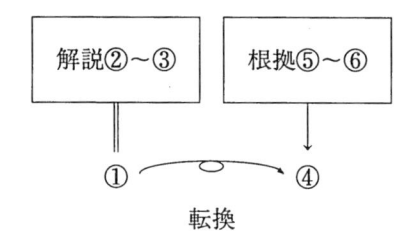

```
┌─────────┐  ┌─────────┐
│ 解説②～③ │  │ 根拠⑤～⑥ │
└─────────┘  └─────────┘
     ‖              │
     ‖              ↓
     ①  ⌒    ④
        転換
```

一般に（もちろん例外はあるが）転換の後の方により言いたいことがくる。とくに、転換が「たしかに」とか「もちろん」といった譲歩を受けるようなものであるならば、明らかに転換後に言いたいことがくる。問37もそうであり、「①。しかし、④」において、より言いたいことは④にある。しかも、文章全体の骨格が「①。しかし、④」であるから、④はこの文章全体の中心的主張ということになる。

ここで、あるいは（⑤～⑥）のまとまりの方が言いたいことなのではないかと考えたひともいるかもしれない。たしかにそういう感じもある。

これは、先に述べておいた「論証型」と「解明型」の違いにほかならない。解答は論証型として分析したが、解明型としてとらえることもできる。そのときには、④「実は未開社会でも、ただでは平等な分け前にあずかることはできない」という文は問題提示文となる。そして⑤と⑥でその理由を明らかにする。言いたいことは、そこで解明された理由の方にあるというわけ

である。問題文の場合には、論証型か解明型かは多少微妙と言えるだろう。

いずれにせよ、ポイントは次の三点である。

(1)議論を建物の配置された街並のようにしてとらえる。
(2)おのおのの建物には、主張提示文ないしは問題提示文がいわば「表札」としてかかげられてある。
(3)建物の内部は、解説と根拠という二つの関係で構築されている。

この点を押さえて議論の幹と枝葉を整理すれば、ずいぶんスッキリした形になる。

もうひとつ、中心的主張を表わした主張提示文を探す問題をやってみよう。いささか読みにくい文章であるが、慎重に読んでいただきたい。

問38 次の文章中、中心的主張を提示した文はどれか。
①現在の都市とは、あらかじめ形式がきまっているのではなく、いろいろな活動が集まり、その総体として現われるものである。②かつては形式が先行し、その形式を背景にして活動が意味をもつ場合もあった。しかし、③今では、さまざまな活動こそ、形式としての都市を存在させているのである。④とくに都市が地域性を無視するメディアの支配によってより不確定なものになればなるほど、文化から経済にいたるまでの、なんらかの活動が群がっているからこそ、都市と呼ばれるものになるのである。⑤現在、都市の多くがなんらかのイベントを企てているのは、まずこうした活動をさまざまな局面で人工的に立ち上げ、それによって都市を活気ある状態におこうとしているのである。しかし、⑥こうしたイベント願望は、裏を返せば衰亡に対する恐怖があるということになる。⑦たしかに都市は衰亡することがある。たとえば、⑧かつては企業城下町などと呼ばれた都市は、その企業の盛衰にどれほど左右されてきたことか。⑨この企業都市の挫折の例はアメリカにも多く見られた。

あまり平明な文章とは言いがたい。分かりにくい理由のひとつは、もちろん、個々の文が多少説明不足で独善的だということであるが、われわれにとって興味深いもうひとつの理由は、この文章中③と⑥の前で「しかし」が二回使われていることにある。

何度も述べているように、一般に「しかし」の後には言いたいことがくる。そこでたとえば、「あの店はうまい。しかし、高い。しかし、静かで落ちつける」などと言われると、何が言いたいのかよく分からなくなってしまうのである。

問題文は形の上ではそのようなかっこうをしている。だが、それに目をくらまされずに構造をとらえるならば、二つの「しかし」はただたんに直列に並んでいるのではなく、入れ子状に組み合わされていることが分かるだろう。

議論の流れを確認しよう。

　①現在の都市は、形式先行ではなく活動の総体として現われる。
　②かつては形式先行の場合もあった。
　③今では活動こそが都市を成り立たせている。
　④は③の解説。
　⑤イベントは都市を活性化させようとする企て。
　⑥イベント願望は衰亡に対する恐怖の表れ。
　⑦都市は衰亡することがある。
　⑧⑨は⑦の解説。

主張①は分かりにくいが、「形式」とは、都市計画によって設計されたような建物や施設の配置のことだろう。筆者は、現在の都市はそのようなものによって成り立っているのではなく、そこで為される活動こそが都市を成り立たせている、と言う。

さて、主張②はそんな主張①と異なる方向を向いている。そこで、「しかし」という逆説の接続詞によって、もう一度①の方向に向き直させるのである。それゆえ、ここの箇所は譲歩構文と見ることができる。「なるほど、②かつては形式先行だった。しかし、③いまは活動こそが都市を成り立たせている」。ここにおいて③は①と同方向に戻っている。したがって、ここの「しかし」は主張①の方向を変化させるものではない。

2.3 主張提示文を取り出す

⑤はどうか。①と⑤を見比べていただきたい。

　①都市は活動によってこそ成り立つ。
　⑤イベントは都市を活性化する企てである。

都市が活動によってこそ成り立つものであるならば、イベントが都市の存立を賭けたものであることは、そこから帰結する。つまり、①は⑤の根拠になっているのである。
　ここまでを図示してみよう。

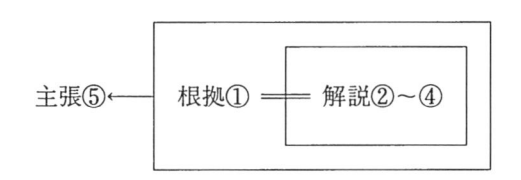

```
主張⑤ ← 根拠① ══ 解説②〜④
```

⑤それ自体は平凡な主張である。「イベントは都市活性化の企て」と言われても、「そうでしょうね」で終わりだろう。しかし、①から④までの根拠をそれに与えることによって、「活動によってこそ都市は成り立っている」という切実さが示される。動いていなければ都市は死ぬ。だからこそ、都市はイベントに駆り立てられる。ここに、むしろ「都市がもつ死への恐怖」という悲痛な軋みを読み取っていくのである。それが、次の「しかし」につながる。

　⑤イベントは都市を活性化させようとする必死の企て。
　しかし、
　⑥それは衰亡にたいする恐怖を表している。

「しかし」の前までに見られた「活性化」というポジティブな力を、「しかし」という接続詞の投入とともに、「衰亡への恐怖」というネガティブな力にひっくり返してしまう。ここにこそ、この文章において筆者のもっとも言いたいことがある。

そのあと、⑦は主張⑥に対する補強である。「都市は衰亡することがある」、だから「衰亡への恐怖があることもうなずける」。弱いが、一応根拠づけになっている。

全体の議論の流れを図示してみるならば、次のようになる。

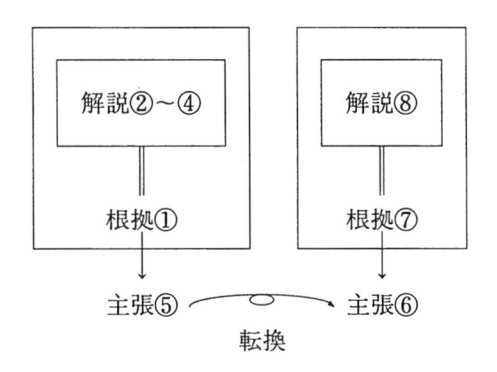

```
┌─────────────┐      ┌─────────────┐
│  解説②〜④  │      │   解説⑧    │
│      ‖      │      │      │      │
│   根拠①    │      │   根拠⑦    │
└──────┬──────┘      └──────┬──────┘
       ↓                     ↓
     主張⑤  ←――○――→     主張⑥
              転換
```

問38の解答　⑥

もう一言、解説を補足しておこう。
「⑤、しかし⑥」という流れにおいて、⑤の「イベントは都市を活性化させようとする必死の企て」ということは⑥の「それは衰亡にたいする恐怖を表している」によって否定されたわけではない。
もともと「しかし」という接続詞にはその前の部分を否定する力はそなわっていないのである。「しかし」は「しかありながら」に由来すると言われるが、その原型によくうかがわれるように、「しかし」はその前の部分をむしろ認めるのである。「この店はうまい。しかし、高い」においても、「うまい」ということは認めている。認めつつ、「高い」の方を重視するという、その人の態度表明、それが「しかし」なのである。
⑤もまた筆者にとってはだいじな主張に違いない。しかし、いまは⑥「それは衰亡にたいする恐怖を表している」の方がとくに言いたいこととして取り出されている。

2.4 実践トレーニング

では、以上を踏まえて、実践的な練習問題をさらに続けていこう。次の問題文は内容的に、論理トレーニングにぴったりである。

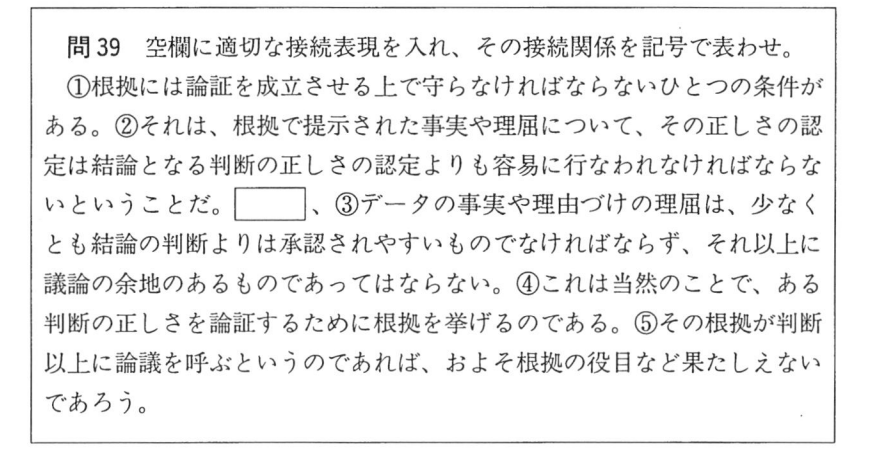

問 39 空欄に適切な接続表現を入れ、その接続関係を記号で表わせ。

①根拠には論証を成立させる上で守らなければならないひとつの条件がある。②それは、根拠で提示された事実や理屈について、その正しさの認定は結論となる判断の正しさの認定よりも容易に行なわれなければならないということだ。□□□□、③データの事実や理由づけの理屈は、少なくとも結論の判断よりは承認されやすいものでなければならず、それ以上に議論の余地のあるものであってはならない。④これは当然のことで、ある判断の正しさを論証するために根拠を挙げるのである。⑤その根拠が判断以上に論議を呼ぶというのであれば、およそ根拠の役目など果たしえないであろう。

---

①は、主張を提示したものというよりは、「根拠が満たすべきひとつの条件とは何か」という問題を提示した文であり、しばしば文章の冒頭にはこのような問題提示文がくる。

②でさっそくその答えが示される。

さて、②と③の関係である。その内容を比較して検討してみてほしい。

②根拠の正しさは結論となる判断の正しさの認定よりも容易でなければならない。
③データの事実や理由づけの理屈は結論の判断より承認されやすいものでなければならない。

ほぼ同じ内容である。③において、わずかに「データの事実や理由づけの理屈」というところが②よりも詳しい内容になっている。とすれば、ここはほぼ言い換えに近い解説とみなせるだろう。接続表現としては「すなわち」「つまり」等を用いる。

④と⑤を見よう。

　　④判断の正しさを論証するために根拠を挙げる。
　　⑤根拠が判断より議論の余地があっては根拠の役を果たさない。

　内容から見て、④は⑤の根拠（「④。だから、⑤」）である。ところが、⑤は「②＝③」とほぼ同じ内容にほかならない。つまり、⑤は「②＝③」の言い換えであり、それを通して④は「②＝③」の根拠を与えるものとなっているのである。
　よけいなことではあるが、このように見てくると、この文章はほぼ同じことを②、③、⑤と繰り返しており、かなりくどい冗長な文章と言わねばならない。

　全体の議論の構造を図示してみよう。

　　　①：問題提示文　　②　　　④
　　　　　　　　　　　　‖　　　↓
　　　　　　　　　　　　③＝＝＝⑤

　主張提示文としては③を取り出せるだろう。

　問39の解答　すなわち（つまり）　②＝③

　次は、根拠の関係にポイントをしぼって問題を出してみよう。問題文はけっこう入り組んだ議論にも見えるが、しぼりこむと驚くほどシンプルな構図が見えてくる。

　問40　下線部(a)〜(d)の接続表現はどの主張とどの主張を理由-帰結関係で結ぶものか。「理由（③〜⑤）──→帰結⑥」のように文番号と記号を用いて答えよ。
　①トロブリアンド諸島の首長は貢ぎものを受け取るけれども、その首長

2.4 実践トレーニング

と普通の人との関係は、支配と被支配、搾取と被搾取というのとも違う。(a)というのは、②首長のところには品物はどんどん集まるのですが、彼はただ一方的に集めるのではなくて、必要があったらどんどんそれを分け与えなくてはならない。③首長が自分で占有してしまうという評判が立つことは、首長にとっては非常にマイナスのイメージになってくる。④「ケチだ」と言われるのはトロブリアンド諸島の人間においては重大な恥辱であって、いちばん望ましくない状態なのです。⑤村の人にとっても、首長は自分たちの一種の「象徴」であるから、首長が富んでいるということは、ある程度、首長と自分を同一視して非常に嬉しいことであるわけです。(b)だから、⑥首長の蔵に品物があるということは、それは自分のものではないにしても、自分の一部分がそれだけたまっているような気になる。⑦そのために贈与するというわけですから、強制力を伴った一方的な貢納関係とはちょっと違う。⑧客がきたり、いろんな必要に迫られたときには、首長は分け前をどんどん与えなくてはならない。(c)だから、⑨普通の人と首長のあいだには、相互的な互恵性、互酬性があるのです。⑩貢ぎ物といっても、だいたいはヤムイモが多いわけですから、それほど長い間保存できない。⑪一年も独占していたらみんな腐ってしまって「ケチだ」などという評判だけが残ったのでは首長という商売はあんまり割りが合わないということになる。(d)ですから、⑫どんどん気前よく分け与えるということが首長の義務にもなっている。

まず主張①を押さえておこう。

①首長への貢ぎものはたんなる搾取ではない。

全体として、この主張を支持する論点は二つ出されている。それぞれA、Bとするならば、こうである。

　A：首長は必要に応じて貢ぎものを分け与えなければならない。
　B：村人にとって、首長が富むことはあたかも自分が豊かであるかのように感じられる。

②から④まではAの論点が示される。④が③の理由を与え、③がさらに②の理由を与えている。

④──→③──→②

次に⑤から⑦まで、Bの論点が示される。⑤で「首長は村人の象徴だから、首長が富んでいるということは、村人にも嬉しいことだ」と言われ、⑥では「首長の蔵に品物があると自分の一部分がたまっているような気になる」と言われる。ここで⑤は⑥の理由を与えているととらえられる。下線部(b)はそれゆえ、単純に前後の文をつないでいる。

⑥と⑦の関係は文体上ストレートな関係ではないが、一応、⑥が⑦の理由を与えているととらえられるだろう。

⑤──→⑥──→⑦

さて、下線部(c)はちょっと問題である。「理由⑧──→帰結⑨」のように単純にとらえてはいけない。なぜか。
⑧と⑨の内容を書き出しておこう。

　⑧必要に応じて首長は分け前を与えなくてはならない。
　⑨普通の人と首長のあいだには相互的な互恵性がある。

では、「⑧。だから、⑨」と単純にはいかないと考えられる理由を説明しよう。
第一に、⑧は②とまったく同じ内容の繰り返しであり、新しい情報をもたない。それゆえ、もし「⑧。だから、⑨」ということならば「だから、⑨」は④のすぐあとに置かれてもよかっただろう。しかし、論点B「村人にとって、首長が富むことはあたかも自分が豊かであるかのように感じられる」を付加した上で、「だから、⑨」と結論している。このことは⑨の理由に論点Bが関与していることをうかがわせる。
第二に、論点Bの結論は「首長への貢ぎものは一方的な貢納関係とは違う」というものであるが、この「一方的ではない」ということが、⑨の「相

互的な互恵性」ということにつながっている。このことも、「だから、⑨」が論点Bを理由として取り込んだものであることを示唆している。

しかし、⑨の理由はたんに論点Bだけではない。論点Aもまた⑨の理由として関わっている。それを示すのが、⑧における②と同じ内容の繰り返しである。新しい情報をもたないからといって⑧を削除すると、⑨がただ論点Bとだけつながっているような印象を与える。そこで、わざわざ冗長な⑧を挿入したのである。これは原文のままであるが、私としては、⑧の前に「しかも」などを入れたくなる。「⑤～⑦。しかも⑧。だから、⑨」というわけである。

とすれば、⑨の理由を与えるのは⑤から⑧までということになる。さらに言えば、⑧は②～④の反復であるから、内容的には②から⑧までの全部が⑨の理由を与えていると言える。

⑩～⑫のブロックは論理的な展開だけを見るならば、手順前後であり、②～④のブロックに組み込まれて、論点Aを補強すべきものである。原文は市民講座の講演記録に基づいたものであるから、こういう口頭の議論にありがちなラフな形にもなっているのだろう。⑫は⑧の（それゆえ②の）繰り返しであり、それ（首長の気前よさ）に対して③～④（ケチと言われたくない）とは別の理由（ヤムイモは腐る）が⑩と⑪で与えられている。

そうすると、②から⑫までの文は論点Aと論点Bという二つのルートをたどって、すべて⑨へと収斂することになる。そして⑨が、もともとの主張①の理由を与えているのである。

かくして、問題文の基本的構造はきわめて単純化されて次のようにとらえられる。

　①首長への貢ぎものはたんなる搾取ではない。
　というのは、
　⑨普通の人と首長のあいだには相互的な互恵性があるからだ。

下線部(a)の「というのは」という語は、①に対する理由として②から最後の⑫までを全部受けるものとなっているのである。

全体の構造を図示してみよう。

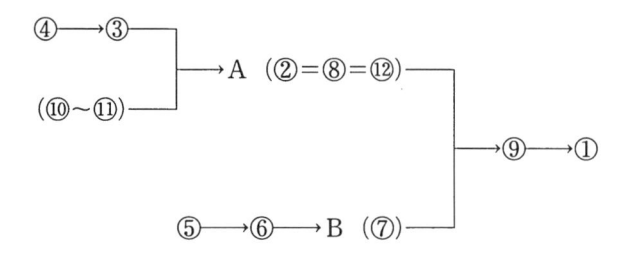

```
 ④──→③┐
         ├─→ A (②＝⑧＝⑫)┐
 (⑩～⑪)┘                    │
                              ├─→⑨──→①
 ⑤──→⑥──→ B (⑦)──────┘
```

問 40 の解答
(a)理由 (②～⑫) ─→帰結①　　(b)理由⑤─→⑥
(c)理由 (⑤～⑧) ─→帰結⑨　あるいは、理由 (②～⑧) ─→帰結⑨
(d)理由 (⑩～⑪) ─→帰結⑫

　少し読みにくい文章が続いた。こんどはもっと読みやすい、すなおな文章を問題にしよう。

問 41　次の文章中、適切な1箇所に「だから」を、別の1箇所に「しかし」を入れ、その接続関係を記号で表わせ。
　①バスの運転手はあまりシートベルトをしていない。②道交法では「やむを得ない理由」がある場合は、シートベルトをしなくてもいいとある。③郵便配達や清掃業務、米・酒・清涼飲料水・クリーニングの配達等はそれにあてはまる。④たしかに、これらの人たちはちょっと走ってはすぐ止まり、下りて荷下ろしと忙しく、いちいちシートベルトなどつけていられない。⑤バスの場合は、法律上では、シートベルト着用は免除されていない。⑥厳密には違反になるのである。

---

　①は問題提示文と見るべきだろう。「バスの運転手がシートベルトをしていないことについてこれから問題にします」というわけである。
　あるいはより適切な用語を選ぶならば、「話題提示文」と言うべきかもし

れない。

　話題を提示したあと、まず、②「やむを得ない場合は除くと道交法にある」と言われる。③と④はその解説である。③と④の関係は少し曖昧だが、④が③の理由を与えているとみてよいだろう。

　それゆえ、解説の③〜④はとりあえずカッコに入れてしまう。すると②と⑤の関係が問題になる。ここに転換があるのが分かるだろう。②「やむを得ない場合は除くと道交法にある」、しかし、⑤「バスの場合は免除されていない」、というわけである。

　⑥は⑤の帰結。⑤「免除されていない」、だから、⑥「違反になる」。実に、シートベルトをしていないバスの運転手は交通違反だったのである。

　全体の構造を図示すると次のようになる。

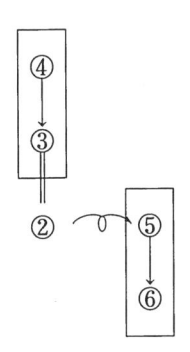

　　　　④
　　　　↓
　　　　③
　　　　　　　⑤
　　②　　　　↓
　　　　　　　⑥

　主張提示文だけ取り出すならば、「②〜⑤」である。②は②〜④のまとまりを代表し、⑤は⑤〜⑥のまとまりを代表している。

　　問41の解答　しかし：⑤の前　　（②〜④）〜（⑤〜⑥）
　　　　　　　　だから：⑥の前　　⑤——→⑥

　次に、接続詞「しかし」に焦点を当てた問題を出そう。先に述べたように「しかし」は曲者であり、転換の接続関係を表わすばかりではない。その点に注意してやっていただきたい。

第2章　議論の骨格をつかまえる

問42　次の文章中、適切な4箇所に「しかし」を入れ、その接続関係を明らかにせよ。

　①「良心」ということばは、実は、いくつかの異なる感情を含んでいる。②そのうちのもっとも単純なものは、悪事が露見しはしないかという恐れである。③読者は、さだめし、一点非の打ちどころのない生活を送ってきているにちがいない。④もしも発覚すれば罰せられるような行ないをかつてしたことのある人に尋ねてみるがいい。⑤当人が犯した犯罪を後悔したのは、いよいよ悪事が露見しそうになったときであることがわかるだろう。⑥このことは、泥棒を職業としていて、商売上のリスクとしてある期間の刑務所暮らしを覚悟している人にもあてはまるとは言わない。⑦いわば、堅気の犯罪者にはあてはまるのである。⑧たとえば、金に困って使い込みをしてしまった銀行の支店長とか、情熱にかられて性的な不品行を働いた牧師とかだ。⑨こういう人たちは、発覚の恐れがまずないと思われるときには、犯した犯罪を忘れていられる。⑩悪事が露見したときとか、露見する危険が大きくなったときには、もっと身を慎めばよかったと後悔する。⑪こうした後悔は、とんでもない罪を犯してしまった、という思いをひしひしと感じさせるかもしれない。

　⑫罪の意識は、もっとも重要なかたちでは、一段と根の深いものである。⑬それは、無意識の中に根をおろしていて、他の人びとの非難に対するおびえのように、意識にのぼってくることはない。⑭意識の面では、ある種の行為は、内省してみても理由がわからないままに、「罪」というレッテルを貼られている。⑮人はこうした行為を行なったとき、なぜだかよくわからないままに、不愉快な気持ちになる。⑯こうしたことのよってきたる原因は、ほとんどすべての場合、当人が六歳以前に母親や乳母の手から受けた道徳教育である。

　あらかじめヒントを与えておけば、四つの「しかし」の内、二つは「対比」の「しかし」であり、あと二つは譲歩を受ける「しかし」である。そこで、どの「しかし」が対比でどの「しかし」が譲歩を受けるものなのかを押さえて、解答していただきたい。

2.4 実践トレーニング

では、検討しよう。

まず①で、「『良心』ということばにはいくつかの側面がある」ことが主張される。そして続く文章で、そうしたいくつかの側面のうち二つの極がそれぞれ述べられる。これが全体の大きな骨格である。すなわち、②〜⑪で「もっとも単純なもの」について述べられ、⑫〜⑯で「もっとも重要なもの」について述べられる。

「もっとも単純なもの」と「もっとも重要なもの」という二つは対比されている。そこで、⑫の前には「②〜⑪」と「⑫〜⑯」を対比させる「しかし」が入る。

対比は、〈解説〉〈根拠〉〈付加〉〈転換〉という四つのカテゴリーで言えば、付加であり、それゆえ「(②〜⑪)＋(⑫〜⑯)」と書くこともできる。しかし、対比であることを明示するため、次のように書いてもよいだろう。

$$\begin{cases} ②〜⑪ \\ ⑫〜⑯ \end{cases}$$

②〜⑪を見ていこう。

②で「もっとも単純なものは悪事が露見しはしないかという恐れである」と言われる。これが②〜⑪の主張提示文であり、②〜⑪における議論の本線の方向を定めている。

次の③「読者は非の打ちどころのない生活を送っているだろう」というコメントはこの本線の方向からはズレている。嫌味っぽい譲歩であり、「なるほど③」のように明示できる。これはきわめて軽い譲歩で、次の④からすぐに本線に戻される。そこで、④の前に「しかし」を入れる。この「しかし」が受けるのは④から⑪までの全体であり、「読者は悪人ではないから、まあ当てはまらないのだが（③）、しかし、悪人の場合には云々（④〜⑪）」、というわけである。

④と⑤で本筋の主張をしたあと、⑥で「このことはプロの泥棒にはあてはまらない」と言われる。これも譲歩である。「もちろん⑥」のように明示できる。そして、「しかし、⑦堅気の犯罪者にはあてはまる」と続く。そこで⑦の前に「しかし」を入れる。余談だが、「堅気の犯罪者」という言い方には思わずニヤリとさせられる。そして堅気の犯罪者の話が⑪まで続く。それ

ゆえ、この「しかし」が受けるのは⑦から⑪までである。
　⑨と⑩を見よう。⑨「発覚の恐れがないとき……」、そして⑩「露見したとき、露見しそうになったとき……」、この二つの場合が対比されている。そこでここに対比の「しかし」を用いる。
　もうひとつ余談だが、最後の「乳母」という時代錯誤的な語彙にびっくりしたひともいるだろう。これを書いたのがバートランド・ラッセル卿であると言えば、納得してもらえるだろうか。

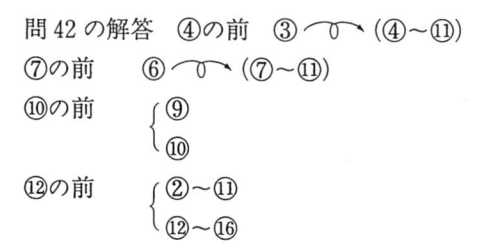

　問42の解答　④の前　③ ⌒ (④〜⑪)
　⑦の前　　　⑥ ⌒ (⑦〜⑪)
　⑩の前　　　{ ⑨
　　　　　　　{ ⑩
　⑫の前　　　{ ②〜⑪
　　　　　　　{ ⑫〜⑯

　さて、本章を終えるにあたってもう一度要点を繰り返しておこう。

　(1)何よりもまず議論の本線を見定め、主張の転換点をきっちりマークすること。
　(2)そしてまた、ある主張に対して、それを解説したもの、その根拠を与えたものをとらえ、その解説と根拠づけの構造をしっかり把握すること。

　こうした構造をとらえるためには、ただ書かれた文字の順に従って一読していただけではだめであり、印をつけたりカッコに入れたりといった作業をしながら、行きつ戻りつして読む。「読む」とは手仕事なのである。
　このことはまた、「書く」ことにも通じる。「主張提示」「解説」「根拠」という議論の主と従の関係を明確にする。そしてまた主張の方向を転換し、議論の流れを揺さぶりながらも、本線の方向をまちがいなく示す。これが文章を論理的に有機化するということである。こうして緊密に有機化していかないと、何がポイントなのか、何が言いたいのかがよく分からない散漫な、ひどいときには支離滅裂な文章ができあがってしまうだろう。

練習問題2

問題に先立って、使用する記号を確認しておこう。

```
解説　A＝B
根拠　A──→B（A。だから、B。）
付加　A＋B
転換　A ⌒ B（A。しかし、B。）
```

問43 次の文章中、適切な1箇所に「だから」を入れ、その接続関係を記号で表わせ。

　①以前、大学院の外国人留学生として学んでいた中国人日本語教師の話であるが、彼女が来日間もないころ、駅のプラットホームで電車を待っていたところ、「黄色い線の内側でお待ちください」という構内アナウンスが聞こえてきた。②彼女は、日本ではなぜ黄色い線の中側、危険な線路側で待たねばならぬのだろうかと、一瞬びっくりしたという。③中国語の感覚では、どうやら「内側」とは黄色い線の線路側を考えるらしい。④日本語ではどうだろうか。⑤明らかに「内側」は今、自分の立っているプラットホームの中心側である。⑥黄色い線を境として、その境界線を越えない領域ということになる。⑦当人の視点に立てば「自分の位置する側の領域」である。

問44 次の(a)、(b)に適切な接続表現を選び、その接続関係を記号で表わせ。

　①ネコの顔には、フェロモンを分泌する腺が多くあります。②あなたの足に顔をスリスリして、このフェロモンをつけることにより、あなたの足はネコのお気にいりになるのです。(a)｛ところが／つまり｝、③ネコのスリスリは愛情から、というよりもフェイシャル・フェロモンをつけるのが目的だったのです。(b)｛だから／しかし｝④つけ終われば目的は達成されたので、プイッとどこかへ行ってしまいます。⑤寄ってきたのだから抱いてあげようと思っても、嫌がってどこかへ行ってしまう。これが人間の目には、ネコの気ままさと見えるのです。

問45 空欄(a)—(c)に「しかし」か「だから」のいずれかを入れ、その接続関係を記号で表わせ。

①なぜロケット旅客機は実現しないのだろうか。②ロケットは燃料と酸化剤を混合させ燃焼させる。[(a)]、③ジェット機のように外部から酸素を取り入れる必要がない。そのため、④大気のない宇宙空間やかなり高度での飛行が可能で、空気抵抗を受けないから速度も速いというわけだ。[(b)]、⑤欠点はコストである。⑥大気中の空気を利用できるジェット機に比べ、ロケットは酸化剤として液体酸素や液体窒素、あるいは微小結晶粉末の過塩素酸アンモニウムなどを必要とする。また、⑦燃料自体もジェット機が灯油なのに対して、ロケットは液体水素、ヒドラジン、合成ゴムなどの特殊なものを使う。[(c)]、⑧コストがかかりすぎて商業用の旅客機には、現在実用化されているロケットエンジンは使えないのだ。

問46 次の文章中、適切な2箇所に「しかし」を入れ、その接続関係を記号で表わせ。

①先日、テレビのコマーシャルを見ていて、思わずわが目と耳を疑いました。②それは若いお嬢さんが出演している車のCFで、「抗菌ハンドル」なるものをセールスポイントにしていたからです。③車を、その機能性やスタイル、また低公害低燃費などを強調して売ろうとするならわかるし、「なんとなく素敵」というイメージ販売戦略についても、それなりに理解はできます。④ハンドル抗菌処理が「売り」になるという感覚には、とてもついていけなかったのです。

⑤たしかに、医学分野においては清潔と不潔の峻別は厳しくしなくてはなりません。⑥近代医学、とりわけ外科手術の分野では、清潔状態に気を配るようになってから、術中術後感染の危険がかなり減り、多くの命が救われてきました。⑦それは事実です。⑧この原則は、現在の病院でも守られていて、重病患者や手術をして体力の弱っている人たちには、バイ菌に対してのなんらかの対策をするのが常識になっています。だから、⑨清潔はいいこと、不潔は好ましくない、一般的にはそう言うことはできるのだと思います。⑩なぜ車のハンドルなのでしょうか。⑪衰弱している人ならともかく、自分で車を運転できる元気のある人が、なぜそんな過保護的処置を必要とするのか、ぼくにはそれが理解できないのです。

問 47 次の文章中、適切な1箇所に「しかし」を、別の1箇所に「したがって」を入れ、その接続関係を記号で表わせ。

①親子法は、人工授精、体外受精、代理母などが実施されはじめてからも、生殖技術が存在しない時代に制定されたままであった。②新しい事態に対応するための立法がなされないまま事実が先行したために、生まれてきた子どもをめぐってさまざまな事件が裁判所に持ち込まれたのである。③裁判ではこの新しい事態に対して、周到な配慮をして判決を下すことは難しい。④明確な先例がない分野であるから、判決は担当した裁判官の個性や個人的な見解に左右されがちである。⑤誰が親なのかについて紛争が発生してから事後的に裁判所が決定するというのでは、誰が子どもの親なのかという重大な決定を法律的な賭にゆだねることになり、生まれた子どもや親となろうとするものの地位がきわめて不安定なのである。

問 48 次の文章における主張提示文をすべて取り出せ。

①産業革命以前のテクノロジーは「道具」——すなわち動力源を持たない器具を中心に組織されていた。②さまざまな器具類や武器は、一般的には人間の身体機能の模倣から生まれている。たとえば、③武器は爪や歯の延長であり、ハンマーは拳の延長であり、車輪や馬車は足の延長である。④それらは人間の身体機能を拡張するものであった。

したがって、⑤それらはマイスター（名人、巨匠）の技術——すなわち特殊な身体技能を身につけた特権的な職能集団や個人に帰属する技術であったと言うことができるだろう。⑥長い間の身体的訓練を経て、道具や家畜を上手に使いこなし、ものを製作する集団や個人こそが技術の主体であり、そのことは疑いなく明白なことであった。

だが、⑦それらは同時に、自然や人間の身体の性質に関する一般的な理論的認識に基づいたものであったことも確かである。なぜなら、⑧アリストテレスも言っているように、「教える／学ぶ」ことができるものであることが技術の特性だからだ。⑨この可能性を欠いた技術は誰にも引き継がれず消滅してしまうだろう。

たとえば、⑩前近代におけるもっとも複雑な技術的構築物である建物や船などの大規模建造物、あるいは都市施設などは、複合的で深められた膨大な知識の流通や集積を前提としなければ考えられないものであっただろう。

問49 次の空欄(a)—(e)に「しかし」か「だから」のいずれかを入れよ。ただし、どちらも入らない場合には×を記入せよ。また、(a)—(e)の接続関係を記号で表わせ。

①本来なら風邪のときのむ薬というのは一番効果がある一種類だけでいい。 (a) ②それは理想論であって、現実には不可能だ。③風邪という病気はさまざまな原因でおこる体のバランスの崩れの総合なので、人により、また、はやっている風邪の性質により、症状が微妙に異なっている。 (b) ④実際は風邪を引いた人は薬局へ行って自分の症状を薬剤師に告げ、その症状にあった風邪薬を選んでもらうのがベストである。 (c) ⑤ふつうひとはそのちょっとした手間を惜しみ、総合感冒薬というもので間に合わせてしまう。 (d) ⑥総合感冒薬というのは、要するにこれだけ入っていればどれかは症状にあてはまるだろう、という当てズッポウで成分を決めているものである。 (e) ⑦どの薬も内容が似たり寄ったりになり、迅速な効果も期待できない。

問50 次の文章中、適切な１箇所に「それゆえ」を、２箇所に「しかし」を入れ、その接続関係を記号で表わせ。

①乳幼児が社会の成員として成長していくその過程を社会学では社会化といっている。②社会化の過程で習得される内容は、例えば、その社会で使われている言葉を覚え、情況に応じた行動の仕方を身につけ、その社会の善悪の基準を習得し、社会生活を営むのに必要な知識や技術をマスターするといったことである。③子どもの社会化にかかわるのはもちろん、その社会の成員すなわち大人たちである。④社会化される子どもが、社会化を促し助ける大人たちと同じように考え、同じように行動し、同じような意味で言葉を使うようになれば、社会化は正常になされたことになる。

⑤社会化が正常になされた場合、先行世代たる大人たちが後続世代たる若い世代に違和感を覚えるとか、何を考えているのか分からないといって嘆くことはない。⑥社会化が常にうまくいくという保証はない。⑦社会が大きく変化する時代は、大人世代と子ども世代の間に考え方や価値観に相違が生じることが少なくない。⑧大人世代が保守的な考え方や行動をするのに対し、若い世代が革新的な行動をとり、大人に反抗的であるというのはよく知られた事実である。⑨社会がある理想的な状態にむかって変化していくのが好ま

しいことだとすれば、価値観などに世代間で段階的な差異があり、若い世代が大人世代より相対的に革新的であるというのは社会の発展にとってむしろ好ましいことである。

⑩いま、わが国で、ここ2、30年の間に起こっているのはそれとはまったく違う事態といえる。⑪世代間にみられる程度の差というより、先行世代にとってはまったく新しくしかも奇異な現象が若い世代の間に起こっているからである。⑫大人のこれまでの経験や発想からはまったく考えられないような言動が、子どもの間にみられるようになり広がっている。⑬まれにみる経済成長と科学技術の発展によって、子どもが育つ環境が一変し、しかもその変化が短時日であったため、子どもたちの社会化の過程に異変といえるような事態が次々に生じて今日に至っている。

II　論証する

第 3 章

論証とはどのようなものか

　論証とは、ある前提からなんらかの結論を導くことにほかならない。
　それゆえ、もっとも厳格な正しい論証は「A。したがって、A」、あるいは「A。なぜなら、Aだから」という同じ主張のくりかえしである。例えば、「今日は雨が降っている。なぜって、雨天だからね」のように。だが明らかに、こんな論証は使いものにならない。
　ある前提Aから、Aとは違うBを結論しなければならない。しかし、なぜ、AからAと異なるBが導けるのだろうか。ここに、論証のもつ力ときわどさがある。前提から結論へのジャンプの幅があまりにも小さいと、その論証は生産力を失う。他方、そのジャンプの幅があまりにも大きいと、論証は説得力を失う。そのバランスをとりながら、小さなジャンプを積み重ねて大きな距離をかせがなくてはならない。それが、論証である。
　それゆえ、論証の技術にとってもっとも重要なことは、前提から結論へのジャンプの幅をきちんと見切ることである。自分では小さいジャンプだと思っていたものが、つまり、それなりに厳密だと思っていた論証が、実は大きな飛躍を含むものだったとしたら、たちどころにつまづき、ころんでしまうだろう。

　そこで本章では、最初に論証のかたちをとらえる基本を説明し、ついで演繹と推測という論証の二つのタイプを見よう。そして、演繹と推測をそれぞれ主題的に検討するのは次章以降に行なう。

3.1 根拠と導出

論証は一般に次のような構造をもつ。

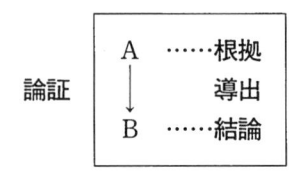

```
          ┌─────────────────┐
          │ A   ……根拠      │
論証      │ ↓      導出     │
          │ B   ……結論      │
          └─────────────────┘
```

そして、正しい根拠から正しい導出によって結論が出されているとき、その論証は正しいものとなる。

論証の評価に関しては次章以下で順をおって見ていくこととし、ここではまずひとまとまりの文章の中から論証構造を見出し、根拠と結論を取り出す練習をしよう。

さっそく問題を出そう。少し長いが、ここから論証の骨格だけをつかみとってほしい。

問51 下線部の結論の根拠となる主張を整理して箇条書きにせよ。

現代の中国料理を語るなら、広東料理を語るだけでよい。

なぜなら世界中の中国料理は広東料理の支配下にあり、国際性を持っているからだ。

むしろ広東料理だけ語っているほうが、読者が持っている中国料理観とずれないことだろう。期待にも外れないだろう。香港料理と世界に散らばった華僑の料理だけが、中国料理の中で唯一、フランス料理やイタリア料理、日本料理などと同列に現代的な競争力を持って戦後の国際社会で戦ってきた。戦うためのキップを獲得している。

山東料理も上海料理も四川料理も、みんな広東料理と同様のグレードを持った料理体系である。しかしそれは戦後の国際社会の舞台で一家をなすには、ちょいと弱い。第二次大戦後、自由主義国家の中でヨーイドンと一斉に突っ走りはじめたレースに、中国大陸各地の「本場の味」は参加できなかった。

3.1 根拠と導出

> 香港や台湾の屋台、パリやローマやニューヨーク、そして東京の場末の中国料理屋でさえ振りかざしている国際レースへの参加資格キップを、中華人民共和国北京の迎賓館である釣魚台国賓館でも持っていない。
> それなら釣魚台国賓館がまずいのかといえば、とんでもない。料理の技術的なグレードは文句なく世界のトップ。美味中の美味が出てくる。ただし、世界中のグルメが「これが中国料理」と思う味の座標軸からは、ずれている。どうも「中国料理」と「中華人民共和国料理」とは、少々味の傾向が違うようなのだ。それに対して香港と華僑の料理は、味覚のローカルな部分でさえ組みたてなおし、一つ一つの味覚を他国の料理と比較しながら研鑽してきたのだ。
> だから、<u>今、中国本土の料理を語るには、ほかの外国料理を語るのとは違う座標軸と舞台に移らなければならない</u>。そうすると、世界の視点では広東料理が中国料理の代表だが、ひとたび中国の視点で見つめると、決して広東料理だけが代表ではないということがわかってくるだろう。

　直前の文は「香港と華僑の料理は外国料理と比較しながら研鑽してきた」というものである。そしてそのあとに「だから」とある。しかし、この「だから」は直前のこの主張だけを受けるものではない。本文全体から論証の骨格を捉えなければいけない。
　「中国本土の料理」と「中国料理」との対比をきちんと押さえよう。香港と華僑の料理は中国料理、すなわち広東料理である。そしてこちらが国際的に外国料理と肩を並べてきた。他方、広東料理以外のさまざまな中国本土の料理は、そうした国際競争力をもたない。だから、フランス料理やイタリア料理と並べて中国料理を語ると、それは広東料理だけを語ることになり、中国本土の料理を捉えきることはできなくなる、というわけである。
　もう少し微妙な点にも注意しておこう。中国本土の料理が国際競争力をもたないこと、このことだけでは、フランス料理などと並べて中国料理を語ることができない理由にはならない。もっと国際競争力をもたない各国料理はいくらでもあるだろう。他方、中国料理にはそうした各国料理にはない、中国料理固有の問題がある。

中国料理の場合には広東料理という大看板が国際的に流通している。ところが中国本土の料理はこの看板とはいささか異なっている。この、看板と中身の二重性が、中国料理を語ることを難しくしているというのである。たんに中国本土の料理が国際的に有名ではないからという理由ではない。それゆえ、根拠となる主張は二つ挙げねばならない。

問51の解答　次の二つが根拠として挙げられる。
(1)国際的には中国料理といえば広東料理のことである。
(2)しかし、中国本土の料理は広東料理によって作られた中国料理のイメージとは異なっている。

3.2　論証図

こんどは、もう少し複雑な構造をもった論証をとらえる練習をしてみよう。そのため、「論証図」と呼ぶものを導入する。まず論証図の書き方を説明しよう。

(1)単純な論証

根拠Aから結論Bが導かれるとき、次のように書くことにする。

$$\begin{array}{c} A \\ \downarrow \\ B \end{array}$$

(2)論証の連鎖

さらに、例えば主張Aが根拠となってそこから主張Bが導かれ、続けて、その主張Bが根拠となってそこから主張Cが導かれるというように論証が連鎖することがある。このような場合、次のように書くことにする。

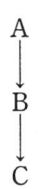

$$\begin{array}{c} A \\ \downarrow \\ B \\ \downarrow \\ C \end{array}$$

(3)結合論証

複数の主張が組み合わされてひとつの根拠を形成している場合、例えば主張AとBが組み合わされてひとつの根拠を形成し、そこから主張Cが結論される場合、次のように書くことにする。

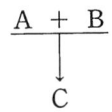

```
 A ＋ B
───────
   ↓
   C
```

例えば問51の場合には次のように書くことができる。

①国際的には中国料理といえば広東料理のこと。
②しかし、中国本土の料理は広東料理のイメージとは違う。
だから
③中国本土の料理はほかの外国料理を語るのとは違う語り方が必要。

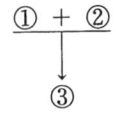

```
 ① ＋ ②
───────
   ↓
   ③
```

このかたちの論証を「結合論証」と呼ぶことにしよう。
結合論証を連鎖させて、より複雑な論証を作ることができる。
例えば、主張AとBが組み合わされてひとつの根拠を形成し、そこから主張Cが導かれる。さらにその主張Cに主張Dが加わり、それが合わさってまたひとつの根拠となり、そこから最終的な結論Eが導かれるとする。そのような場合、次のように書くことになる。

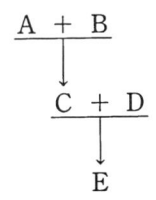

```
 A ＋ B
───────
   ↓
 C ＋ D
───────
   ↓
   E
```

(4)合流論証

結合論証は、ひとつの根拠の中に複数の主張が含まれる場合であったが、それに対して、複数の根拠が別々に独立して提示される場合もある。

例えば、結論Cを導くのに、二つ根拠が示されるとする。ひとつはAで、「AだからC」と論証される。さらにもうひとつの根拠Bもあり、「BだからC」と論証される。このような場合、論証は実質的に二つ為されている。そこで、それをまとめて次のように書くことにする。

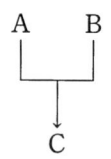

```
A   B
|   |
└─┬─┘
  ↓
  C
```

このようなかたちの論証を「合流論証」と呼ぶことにしよう。

こうして図示された論証の骨格を「論証図」と呼ぶ。

結合論証と合流論証の違いが少し分かりにくかったかもしれない。くりかえしておくならば、論証のかたちとして次の二つを区別してほしいということである。

(1) 結合論証：複数の主張がそれぞれ単独では根拠としての力をもたず、組み合わされて初めてひとつの根拠たりうる場合

(2) 合流論証：複数の主張が単独でも根拠として働き、それゆえ複数の根拠がひとつの結論を支えている場合

一般的に言って、複数の主張が合わさってひとつの根拠になっているのか、それとも独立した別々の根拠を提示し、複数の論証が合流しているのか、その区別があいまいな場合も見られる。そのような場合には、あいまいなままにとらえておくのがよいだろう。論証図の作成はあくまでも実際の論証を単純化したものであり、ひとつの目安と考えていただければよい。

3.2 論証図

説明よりも、実際に簡単な問題をやってみた方がよいだろう。

論証図を利用する問題では文に番号をふっておくので、それを用いて解答してほしい。

問 52 次の論証の論証図を作成せよ。

(1) ①その変なこどもが現われたとき、風がどうと吹いて来た。だから、②そのこどもは風の又三郎なのだ。だったら、③去って行くときもやっぱり風が強く吹くだろう。

(2) ①山椒の粉を魚のいるあたりにまくと、いつもはその毒で魚が浮いてくる。だけど、②その日佐太郎が山椒の粉を川にまいてよほどたっても、魚はさっぱり浮いてこなかった。ということは、③そのときそこには魚はいなかったのだ。

(3) ①三郎はもうこの学校には戻ってこないだろう。なぜって、②お父さんの仕事のせいで転校していったのだから。それに、③やっぱり三郎は風の又三郎だったのだから。

いまは論証の正しさや説得力は問題にしない。ただ論証の構造だけをとらえるようにしよう。

まず、(1)は問題ないだろう。ごくすなおに、「①だから②。だから③」とすればよい。

(2)と(3)の違いが問題である。

(2)では、①と②が③の根拠になっているが、①だけや②だけを単独で取り出しても③を導く根拠としての力はない。①から③が出てこないのは明らかだろうが、「②山椒の粉をまいても魚は浮いてこなかった」ということだけからでも、「③そこには魚はいなかった」という結論は出てこない。②はあくまでも「①山椒の粉には毒性があり、魚を浮かび上がらせる」ということと組み合わされてひとつの根拠として働く。

他方(3)では、②と③が①の根拠になっているが、②「お父さんの仕事のため転校した」、だから①「もう戻ってこない」、という論証の流れはそれだけで一定の力をもっており、さらに③「三郎は風の又三郎だったのだ」、だから①「もう戻ってこない」、という論証の流れもまた、それ自体で一定の力をもっている。ここではひとつの結論に向けて二つの論証が合流していると見るべきである。

問52の解答
(1)　①　　　　(2)　① ＋ ②　　(3)　②　　③
　　　↓　　　　　　　　↓　　　　　　└─┬─┘
　　　②　　　　　　　　③　　　　　　　↓
　　　↓　　　　　　　　　　　　　　　　①
　　　③

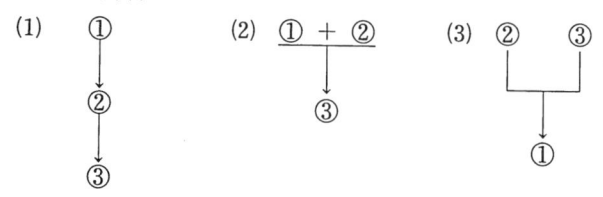

では、論証図に関してもっと実践的なトレーニングに進もう。

問53 下の図を利用し、次の文章に示される論証の論証図を作成せよ。
　介護機器展には毎年のように、トイレ付きのベッドなるものが出品される。ベッドから離そう、生活空間を広げよう、と現場が頑張っているときに、何という物を作るんだ、と私たちはあきれ返ってそれをながめていた。
　リモコンを押すと、ベッドのちょうどお尻のあたりが開いて下から便器がせりあがってくる。これなら寝たきり老人でも寝たままで下の用が足せる、という訳だ。
　ところが、①これが使いこなせない。②考えてみてほしい。③このトイレで用を足すにはまず身体をベッドの真ん中に正しく位置させ、真上を向いていなければならない。④意識がない人ならともかく、障害があっても人間は自発的にゴソゴソするし、ベッドの背中を起こしたりすれば身体はずれたり、ねじれたりしてしまう。すると、⑤用を足すときには、寝たまま身体を、前後左右に動かして、お尻をベッドの開閉部の上に正しく置かねばならないのだ。しかし、⑥この寝たままの前後左右への移動くらい老人にとって難しい動きはない。

読者の皆さんもちょっとやってみてほしいのだが、⑦上を向いて寝たまま、体を左に移動するためには、頭、肩、お尻、足をそれぞれ浮かせて左に移動するという動作を繰り返さねばならない。⑧ところが老人は、肩の部分が浮き上がらない。だから、⑨肩を中心にして体を回転する動きにしかならないのである。

特に脳卒中の人には難しい。杖なしで歩ける人でもできない人がいるくらいである。つまり、トイレ付きベッドを使いこなせるくらいの人なら、トイレやポータブルトイレが使えるのである。それが無理でもベッドの上で尿器や便器が使いこなせる。

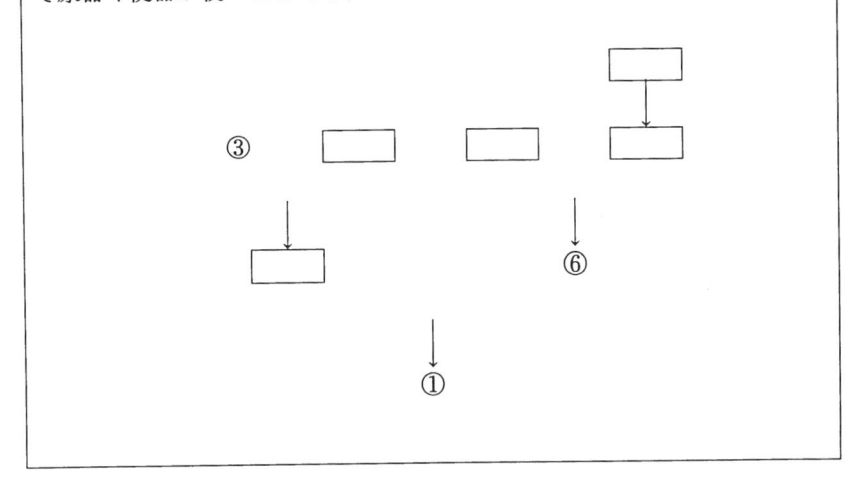

```
                    ┌───┐
                    │   │
                    └─┬─┘
                      ↓
  ③    ┌───┐   ┌───┐  ┌───┐
        │   │   │   │  │   │
        └─┬─┘   └───┘  └───┘
          ↓            ↓
        ┌───┐         ⑥
        │   │
        └─┬─┘
          ↓
          ①
```

「①寝たきりの老人にはトイレ付きベッドは使いこなせない」という主張を結論とする論証を取り出そう。

最後の段落には文番号を付さなかったが、ここは「使いこなせない」ということに対する論証というよりも、「老人介護にはトイレ付きベッドは無用である」という主張に対する論証と見るべきである。

では、なぜ使いこなせないのか。その理由を見ていこう。

直接の理由は、「⑤使いこなすためには寝たままで身体を前後左右に動かさなければならない＋⑥しかし、それは寝たきりの老人には難しい」というものである。⑤と⑥は合わさってひとつの根拠となる。そして、⑤の理由はその前に書かれてあり、⑥の理由はあとに書かれてある。

なぜ「⑤身体を動かさなくてはならない」のか。その理由は、「③このトイレを使うためには身体が正しい位置になければならない＋④ベッドの上で身体はずれてしまうものだ」から。③と④は合わさってひとつの根拠となっている。

そしてなぜ「⑥老人には難しい」のか。それは、「⑦頭や肩を浮かせて横にずらさねばならない＋⑨老人は肩を中心にした回転しかできない」からである。⑦と⑨も合わさってひとつの根拠となる。

さらに、なぜ⑨なのかと言えば、「⑧老人は肩の部分を浮かせられない」からである。

論証の構造をつかまえるには、このようにまず結論を押さえ、その結論の直接の根拠を探すのがよい。そして、さらにその根拠となる主張に対しても何か根拠が提示されているかどうかをチェックし、あればその根拠をきちんととらえる。この手順をくりかえしていく。こうして結論から根拠をさかのぼっていく。

第Ⅰ部の用語を用いるならば、まず主張提示文を把握して、それからおもむろにその「建物」の内部を探索する、そしてそれを入れ子状になった各部屋ごとに行なう、というわけである。

ひとつひとつの主張に対して、「なぜこう言えるのか」という問いのまなざしをもちながら文章を読み解き、議論を再構成していかねばならない。

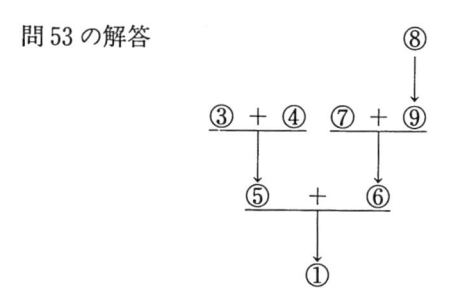

問53の解答

```
                    ⑧
                    ↓
       ③ ＋ ④   ⑦ ＋ ⑨
          ↓        ↓
          ⑤   ＋   ⑥
              ↓
              ①
```

実は、トイレ付きベッドが使えない理由はこれだけではない。より深刻な理由がある。別にここは老人介護について論じる場ではないのだが、そちらも問題にさせてもらおう。

3.2 論証図

問54 次の文章を読み、設問に答えよ。

①寝たきりの老人にはトイレ付きベッドは使いこなせない。②第一に、身体をベッドの上で前後左右に移動することが難しい。③そして第二に、リモコンの操作ができないことが多いのだ。

④寝たきりの原因は主体の崩壊にある。⑤手足のマヒはそのきっかけではあるが原因ではない。だって、⑥重いマヒでも寝たきりではない人がいくらでもいるのだから。⑦主体が崩壊して自発的に動かなくなり、その結果、動けない体になったのだ。⑧これまで考えられていたように、身体の障害が先にくるのではないのである。

⑨主体が崩壊しているとは、生きていこうとする気持ちがなくなっていることである。だから、⑩ハイテク機器は使いこなせない。それどころか、⑪かえって主体の崩壊を進行しかねないのである。

(1)全体の結論を示した文はどれか。
(2)下の図を利用して、文⑩を結論とする論証図を完成させよ。

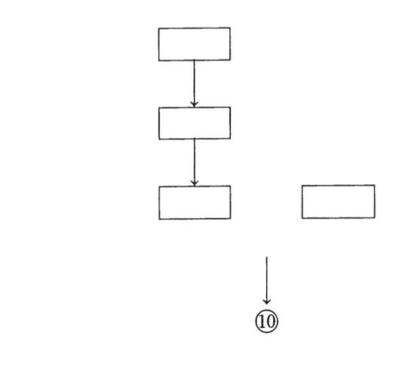

全体の結論はよいだろう。①である。そして、①の根拠は二つある。②と③である。そしてその二つが合流している。

②については、問53の論証が与えられる。

「③リモコンの操作ができない」の直接の理由は何か。以下しばらく下っ

て、「⑩ハイテク機器が使いこなせない」が③の直接の根拠を与えている。ではなぜハイテク機器が使いこなせないのか。⑩の理由は④から⑨までに示される。

④から⑨までの論証を大きくとらえるならば、「④寝たきりの原因は主体の崩壊にある＋⑨主体の崩壊とは生きる気持ちの消失である」、だから「⑩ハイテク機器は使いこなせない」となるだろう。この導出には多少飛躍があるが、強引というほどではない。告白すれば、私もあまりハイテク機器は使いこなせない。

さらに、「④寝たきりの原因は主体の崩壊にある」ということの理由が示される。それは⑤から⑧までの部分だが、このうち⑦と⑧は論証というよりもむしろ解説と見るべきだろう。⑦はほぼ④の言い換えであり、⑧は⑤とだいたい同じ内容である。そして、「⑥重いマヒでも寝たきりでない人はいくらでもいる。だから、⑤手足のマヒは寝たきりの原因ではない。したがって、④寝たきりの原因は主体の崩壊にあると見るべきだ」というかたちで論証が進んでいるものととらえられる。

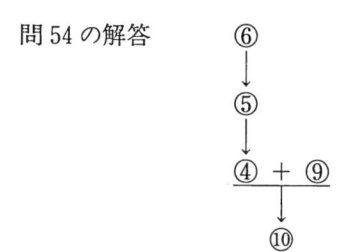

問54の解答　⑥
　　　　　　↓
　　　　　　⑤
　　　　　　↓
　　　　　④ ＋ ⑨
　　　　　　↓
　　　　　　⑩

さらに⑩から①への論証図はこうである。

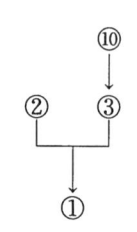

　　　　　　　　　　　　　　⑩
　　　　　　　　　　　② 　③
　　　　　　　　　　　└─┬─┘
　　　　　　　　　　　　　①

なお、問54は⑦と⑧の処理に少し迷うかもしれない。そのようなとき、あまり几帳面に論証図を書こうとするよりも、次のようにある程度ラフなかたちで論証図のスケッチを与えてもよいだろう。

```
        ┌─────┐
        │④〜⑨│
        └──┬──┘
           ↓
           ⑩
           ↓
       ②     ③
        └──┬──┘
           ↓
           ①
```

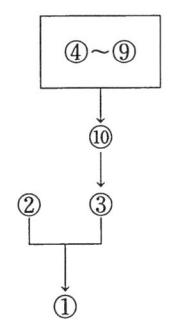

　どんなに複雑な論証であっても、それはひとつひとつのステップの積み重ねであるから、一挙に全体をとらえようとして呆然とするのではなく、部分ごとにきちんととらえていけばよい。

　他方、かなり複雑な論証の場合、部分ごとには理解できても、全体としてなおピンとこないということが起こりうる。論証をとらえる場合、それぞれのステップを押さえると同時に、その全体の流れを大づかみにとらえることも必要となる。その場合には、思いきって枝葉を刈り込み、論証の幹を取り出さねばならない。

　論証のかたちはこのぐらいにして、次に論証の種類を見ていこう。

3.3　演繹と推測

　論証にもいくつかの種類がある。ここではそのもっとも基本的な区別である演繹と推測の違いを検討しよう。

(1)演繹：根拠とされる主張を認めたならば結論も必ず認めねばならないような決定的な力を期待されている導出。

(2)推測：ある事実をもとに、それを説明するような仮説を提案するタイプの導出。

　推測の場合、根拠となる事実を認めることが結論の説得力を増しはするが、演繹のような決定的な力は期待されていない。

これだけの説明ですぐに問題をやってもらうのも気がひけるが、むしろ問題を通して説明を続けることにしよう。できれば幸いだが、できなくても気にしないで説明に進んでいただきたい。ポイントは、根拠とされる主張が結論を導く力が決定的なものかどうか、である。

問55 次の下線部に示された導出を演繹か推測かに分類せよ。

(1) トマトの缶詰を長く保存しておくとビタミンなどが減るのではないかと思われるかもしれない。しかし、①トマトは酸味をもっている。そして②酸味があるとビタミン類は安定に保たれる。したがって、③貯蔵期間が何年かあったとしても、それほどビタミン類の減少はない。

(2) ①鶏のエサに青草を加えると、青草に含まれるカロチンという色素が卵黄の色に影響を与え、卵黄の色を濃くする。②このカロチンというのは自然の色素で、同時に体の中でビタミンAに変わる物質である。したがって、③卵黄の色の濃い卵の方が栄養価（ビタミンA）が高い。

---

(1)は次のような構造をもっている。

　　根拠①：トマトは酸味をもつ
　　根拠②：酸味があるとビタミン類は安定に保たれる
　　したがって
　　結論③：トマトの缶詰は保存してもビタミン類はそれほど減少しない

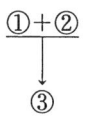

$$\underset{③}{\underset{\downarrow}{①+②}}$$

この二つの根拠①と②を認めたならば、結論③はどうしたって認めねばならない。つまり、この導出は演繹である。

演繹とか推測といった分類が、根拠のあり方に関する分類ではなく、あく

3.3 演繹と推測

までも導出のタイプに関する分類であることに注意していただきたい。つまり、(1)の例で言えば、二つの根拠は正しいものとして前提にされる。そしてそれが正しかったとして、そこから結論は必ず導出されるかどうかを問う。導出が一本道ならば演繹、そうでないならば推測となる。

(2)を見よう。答えは、推測である。できただろうか。まちがえたひとはもう一度問題文を見ていただきたい。
(2)の構造はこうなっている。

　　根拠①：青草を加えると青草のカロチンによって卵黄の色が濃くなる。
　　根拠②：カロチンは体の中でビタミンAに変わる物質である。
　　したがって
　　結論③：卵黄の色の濃い卵の方が栄養価（ビタミンA）が高い。

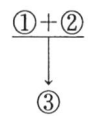

$$\frac{①+②}{③}$$

なぜ卵黄の色が濃いのか。「鶏が青草を食べ、その青草にカロチンが含まれていたからだ。」これはたしかにひとつの説明である。それゆえ、卵黄の色が濃いことは、その鶏が青草を食べたことのひとつの証拠になる。

しかし、決定的な証拠ではない。青草を食べたのでなくとも、卵黄の色が濃くなることはあるかもしれない。それゆえ、卵黄の色が濃かったとしても、必ずしも栄養価が高いわけではないかもしれないだろう。したがって(2)は演繹ではなく、推測となる。

実際、最近の卵にはこれは必ずしもあてはまらないらしいのである。卵黄の色の濃い卵が好まれるため、人為的に化学処理で安定化させたカロチンをエサに混ぜるようになった。しかも、色がつけばよいというわけで、同じカロチンの仲間でもビタミンAを無視して色のきれいな効果的な色素を用いているのだという。さらに言えば、これはエサに対する処置であるから食品添加物にもならない。何をかいわんや、である。

問55の解答　(1)演繹　(2)推測

くりかえせば、根拠から結論まで一本道であるのが演繹。つまり、与えられた根拠をすべて認めたならば、もう結論も認めるしかないという厳格な力を期待されているものが、演繹である。それゆえ、正しい演繹の場合には、根拠とされる主張を認めて結論を否定すると矛盾になる。

それに対して、根拠とされる主張をすべて認めても、必ずしも結論が一本道で出てくるわけではないのが推測。それゆえ推測の場合には、たとえそれがどれほど説得力のある確実な推測であっても、根拠とされる主張を認め、かつ、結論を否定しても矛盾とはならない。この主張を認めれば、おそらくこの結論は出てくるだろう。しかし、なおその結論に至らない可能性は残されている。それが推測である。

問56　次の導出を演繹か推測かに分類せよ。

(1)　台所から居間に濡れた跡が点々と続いている。うちの猫が流しで水遊びをしたにちがいない。

(2)　いつもワープロを使っていると漢字が書けなくなる。ワープロ派には「演繹」なんてまず書けない。君もワープロばかり使ってるって？じゃあ、どうだ、「えんえき」って書けるか。書けないだろう。

(3)　「演繹か推測かに分類せよ」という問題で全問「推測」が答えということはない。(1)も(2)も推測だった。では、残った(3)は演繹である。

---

(1)と(3)はとくに難しい点はない。もう説明不要だろう。
(2)は少し悩ましい。推測に見える。しかし、演繹なのである。
ワープロ派は「演繹」という漢字を書けないだろう。君はワープロ派だ。だから、君も「演繹」という漢字は書けないだろう。結論に「だろう」がついている。そこで、推測かと思う。しかし、この「だろう」は根拠の「だろ

う」を受けついだものなのである。

　演繹の場合、根拠がきっぱりしたものならば結論もきっぱりしたものになる。しかし、根拠に不確かなところがあれば、その分だけ結論も不確かなものにならざるをえない。それに対して、推測の場合には、根拠が確かなものであったとしても、推測という導出過程に不確かさが入ってくる。

　そこで根拠をきっぱりしたものにしてみよう。

　ワープロ派は「演繹」という漢字を書けない。君はワープロ派だ。だから、君は「演繹」という漢字が書けない。

　この論証ならば、演繹であることが明らかだろう。ということは、(2)の導出そのものは演繹であったということにほかならない。

　すると、(3)の論証において「(2)は推測だ」という前提はまちがっていることになる。しかし、演繹としての正しさは、あくまでも導出の正しさであるから、その意味で、(3)は正しい演繹である。

　問56の解答　(1)推測　(2)演繹　(3)演繹

　問57　次の下線部に示された導出を演繹か推測かに分類せよ。
　北八ヶ岳の蓼科山や縞枯山では「縞枯れ現象」という現象が起きる。針葉樹林の一部が帯状に枯れ、斜面上に何列も白い縞ができる。そしてその縞枯れの帯は山頂に向かってゆっくりと上昇していくのである。
　縞枯れの帯はどうして上昇していくのだろうか。それは次のような理由である。斜面下方の樹木が枯れると、その上部の森林には日光が入るようになり、風も吹き込むから、土壌が乾燥する。その結果、樹木は枯れはじめる。そうすると同様の理由により、その上の森林も枯れはじめる。しかし、上部の森林が枯れはじめる頃にはその下ではすでに幼木が育ちはじめている。こうして、上部に縞枯れの帯ができる頃にはその下は緑の林に戻っている。
　下が枯れるとそれが原因で上が枯れはじめる。そして上がすっかり枯れる頃には下は緑に戻っている。だから、縞枯れの帯が徐々に上がっていくように見えるのである。

全体は、「縞枯れ」という不思議な現象に対して、それがどうして起こるのかを推測したものととらえることができる。縞枯れの謎は二つある。ひとつはなぜ縞枯れができるのか。そしてもうひとつはなぜ縞枯れは上に上がっていくのかである。上の説明は、「縞枯れが上昇する」ということに対する推測であり、縞枯れそのものを説明するものではない。つまり、そもそも最初の縞枯れがどうしてできるのかはまだ説明されていない。

ちなみに原文では、それに対しては「おそらく数十年に一回程度の風台風による倒木の発生が原因だろう」と説明されている。これも、推測である。

では、問題にした箇所の「だから」も推測かというと、実は、そうではない。

　　根拠①：下が枯れるとそれが原因で上が枯れ始める。
　　根拠②：上がすっかり枯れる頃には下は緑に戻っている。
　　だから
　　結論③：縞枯れの帯は徐々に上がっていくように見える。

根拠とされる①と②をともに正しいと認めよう。そのとき、もしそうならば、たしかに縞枯れの帯は上昇していくように見える。この導出のステップは一本道である。

　　問57の解答　演繹

しかし、注意してほしい。縞枯れが上昇するという現象を目のあたりにして、そのことを根拠に、①と②が正しいと結論することは推測である。

縞枯れが上昇していく。だからおそらくこれこれのことが成立しているだろう。この論証は推測である。しかし、逆に、これこれのことがもし成立していたとするならば、そのとき縞枯れは上昇していくように見える、という説明は演繹なのである。

一般に推測と演繹は逆方向の関係にある。そうしたことを主題的に取り扱うのはあとにしよう。

練習問題3

問58 下の図を利用し、次の文章に示される論証の論証図を作成せよ。

　もう十年以上も名古屋に住んでいるK氏は、難解な名古屋弁もそこそこにこなせるのに、どうしても他所者扱いされることに業を煮やし、ある時実験をしてみることにした。何の予備知識もない初対面の人物と会った時、東京人であることを隠し、名古屋人のふりをしてみたのである。

　栄という繁華街でその人に会い、自分の会社へ案内する間、みゃあみゃあと名古屋弁で話しをした。しかしそれにもかかわらず、ものの三分もしないうちに、その相手の人はK氏にこう言ったのだ。

「①Kさん、東京の人だにゃあですか」

　K氏がどうしてわかったのか尋ねると、こういう答えが返ってきた。

「すぐわかるぎゃ。②地下街があるのに地上を歩きゃあすもん。③東京の人は地下街が嫌いだでよう」

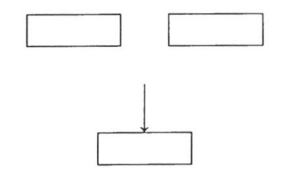

```
[  ]    [  ]
   ↓
  [  ]
```

問59 下の図を利用し、次の文章に示される論証の論証図を作成せよ。

　卵を買ってくるとすぐに殻についているよごれを水洗いする人がいる。しかし、これはぜったいにしてはいけない。①かえって卵を不潔にしてしまうのだ。②卵の殻には、目に見えない気孔が無数にあいている。③水洗いをすると、よごれが殻全体に広がって、この気孔から卵の中にはいってしまうのである。また、④水で気孔がほとんどふさがってしまうおそれもある。

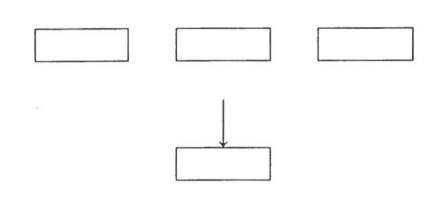

```
[  ]  [  ]  [  ]
        ↓
       [  ]
```

問60　下の図を利用し、次の文章に示される論証の論証図を作成せよ。
　①ビールならがぶ飲みできるが、水だとこうはいかない。②なぜだろう。③どちらも同じ水分なのに。④その秘密はアルコールにある。⑤水は腸からしか吸収されない。だから、⑥すぐに胃にたまってしまう。それに対して、⑦アルコールは胃壁からも吸収される。そして、⑧そのときに水の分子も引き連れていっしょに吸収される。だから、⑨ビールの水分は胃にたまらないのである。しかも、⑩アルコールは、抗利尿ホルモンの分泌を妨げる。⑪このホルモンは脳下垂体から分泌され、腎臓に「尿をつくるのをやめなさい」という指令を送るものだが、そのホルモンの分泌をアルコールはストップさせる。したがって、⑫腎臓は尿を生産し続け、酔っ払いは飲んだはしから水分を放出するというわけだ。

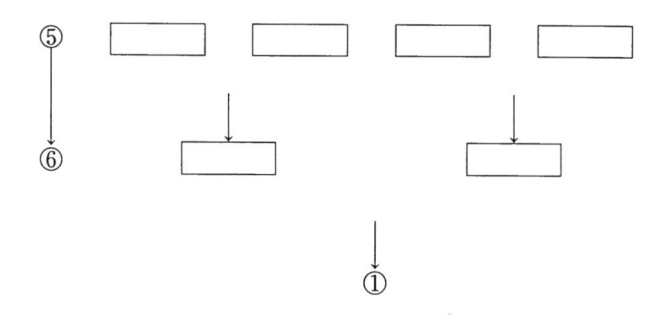

問61　次の下線部の導出を演繹か推測かに分類せよ。
　「うどん？　やだな。別のもんにしようよ」
　「うどん嫌い？」
　「そうじゃないけど。東京のうどんってひどいじゃない」
　「そうかな」
　「だって、こっちきてからうまかったためしがない」
　「いろいろ食べてみた？」
　「二回。二度食ってこりた」
　「ちゃんとしたとこ行かないからだよ」

問62　次の下線部の導出を演繹か推測かに分類せよ。
　「もう昼はカレーかもりそばに決めてるんだ」

「今日はどっち？」
「ゆうべ家でカレーだったからね。今日はカレーはやめとこう」
「だったらもりそばね」
「いや、たまにはカツ丼にしよう」
「好きにしなさい」

問63 次の下線部の導出を演繹か推測かに分類せよ。
　［舞台は江戸時代である。］
　町方で検校（けんぎょう）が井戸にはまって死んだ。
　ひとり者だが裕福な男で、身投げをするわけなぞはないと思われたが、身寄りが寄って葬いを出そうとしているところへ、ふらりと顎（あご）十郎がやって来て、検校は足が下になっていたか頭が下になっていたかとたずねた。頭が下になって逆立ちをしておりましたと井戸へ入った男が答えると、そんならば身投げをしたのではなくて、ひとに投げこまれたのだ、と言った。井戸に身を投げるときは、かならず足のほうから飛び込むもので、頭から飛び込むなどということは、百にひとつもないことだ、と言った。

問64 次の下線部の導出を演繹か推測かに分類せよ。
　妙な法則に気がついた。姫路の書店ではカツアゲの被害にあうが、神戸の書店では皆無だったのである。私のような温厚寛大おボッチャマ姿の学生が、こづかい節約のため、書店で参考書の内容を一心不乱に暗記しているスキに、そのまわりを取り囲み、「おえぃ……われぇ、ちょうワイらに小銭都合つけたってくれへんかいのお……」と耳もとで囁くなり、ポケットから財布を引っこ抜く、そういう行為が姫路では頻発するのに神戸ではないのである。姫路と神戸、その違いは何だったのか。
　姫路にあって神戸にないもの――、これは一目瞭然、国宝・姫路城である。その国宝がカツアゲ学生を誘致するわけではない。カツアゲ学生を寄せつけない何かが神戸にはあると考えた方が正しいであろう。とすれば、そう、山口組の存在である。山口組のお膝元でカツアゲやっとるのが若い衆に見つかると、どういう災難がふりかかるか、教養のカケラもないカツアゲ学生もその事だけは知っていたのである。
　私はわずか15歳にして安全保障の本質に気がついていたのである。

第4章

演繹の正しさ・推測の適切さ

前章で論証のタイプとして演繹と推測を区別した。この章ではさらに演繹と推測に関してその正しさ、適切さを捉える練習をする。

4.1 逆は必ずしも真ならず
まず演繹から見ていこう。
演繹とは何か。くどいようだが、もう一度おさらいしておく。

演繹：根拠とされる主張を認めたならば結論も必ず認めねばならないような決定的な力を期待されている導出。

一群の根拠からある結論が導出される。そのとき、その導出の過程で不確実性が忍び込むことがないような導出が、正しい演繹となる。それに対して、推測は導出の過程そのものに不確実性がある。それゆえ、根拠の正しさを認め、しかも同時に結論の正しさを否定したとき、推測であれば矛盾とはならないが、正しい演繹であれば、それは矛盾になる。根拠を認めたならば結論までは一本道になるのが演繹、いくつか道はあるがその中でありそうな道を選び出すのが推測、そう押さえておいていただきたい。
　論理学などではいくつもの型の演繹的推論が取り上げられる。そしてそれに応じて、さまざまなタイプの演繹の誤りも生じうる。とはいえ、日常的にはそれほど複雑な推論が行なわれるわけではない。それゆえ、実用的に見て

それほど多くの誤りのパターンがあるわけではない。私の見るところ、ただひとつを押さえておけば十分である。すなわち、「逆は必ずしも真ならず」、これである。だが、この誤りはけっこうひんぱんに発生する誤りであるから、きちんと押さえておかねばならない。

問題を通して説明していこう。

問 65 次の(1)と同じ意味の文は(a)〜(c)のどれか。

　月曜が祝日ならば、翌日の火曜が休館になる　……(1)

(a) 火曜に休館ならば、前日の月曜は祝日だ
(b) 月曜が祝日でないならば、翌日の火曜は休館ではない
(c) 火曜に休館でないならば、前日の月曜は祝日ではない

見やすいように矢印で表わそう。

　　(1) 月曜が祝日─────→火曜は休館
　　(a) 火曜が休館─────→月曜は祝日
　　(b) 月曜は祝日ではない──→火曜は休館ではない
　　(c) 火曜は休館ではない──→月曜は祝日ではない

条件文(1)に対して、(a)をその「**逆**」と言う。
「逆は必ずしも真ならず」ということは、(1)と(a)は必ずしも同じ意味にならないということである。実際、ある火曜日に休館だったとしても、例えばその日はそこの創立記念日のために休みで、月曜が祝日だったためではないかもしれない。ともかく(1)は、月曜が祝日ならば翌日の火曜は休みにすると言っているだけで、月曜が祝日ではないときには必ず開館しているとまでは言っていないのである。

(1)と同じ意味になるのは(c)であり、(c)は(1)の「**対偶**」と呼ばれる。月曜が祝日ならば火曜は必ず休館になるというのだから、火曜が休館でないという

ことは月曜が祝日ではなかったということである。

残る(b)だが、(b)は(1)の「裏」と呼ばれる。ここで、(b)が(a)の対偶になっていることを確かめていただきたい。それゆえ(a)と(b)は同じ意味である。ということは、「裏は必ずしも真ならず」だということになる。

問 65 の解答　(c)

この「逆」「裏」「対偶」という用語は覚えてもらった方がよいと思うので、整理して書いておこう。

```
条件文：A ⟶ B
逆：B ⟶ A
裏：Aでない ⟶ Bでない
対偶：Bでない ⟶ Aでない
```

ある条件文と同じ意味になるのはその対偶であり、逆や裏ではない。まずこれが押さえておいてほしい第一のポイントである。

こうした関係は条件文だけにとどまらない。次の文を考えてみよう。

　　テングタケは毒キノコだ　……(2)

これに対しても逆、裏、対偶の関係が考えられる。

　　逆：毒キノコはテングタケだ
　　裏：テングタケではないならば、毒キノコではない
　　対偶：毒キノコではないならば、テングタケではない

この例文では対偶だけがもとの文と同じ意味だということは見てとりやすいだろう。「テングタケは毒キノコだ」と言っているのだから、もしそれが

毒キノコでないならば、それはテングタケではありえない。ましてやそもそもキノコでないならばそれはテングタケであろうはずがない。

それに対して、(2)の逆である「毒キノコはテングタケだ」という文や、裏である「テングタケでないならば毒キノコではない」は、明らかに誤りであり、それゆえ(2)とは異なる意味になっている。

では、逆・裏・対偶を作る基礎問題をやってみよう。

問66 次の文のうち、可能なものに対して、逆、裏、対偶を作れ。
(1) コブタがひまじゃないなら、プーは考えごとの散歩をひとりでする。
(2) プーは、何もすることがなかったので、何かしようと思った。
(3) クリストファー・ロビンの親友は森に住んでいる。

---

(2)は注意していただきたい。「ので」というのは理由を述べる接続助詞で、形式上は条件構造の文を作るが、ある仮定のもとで何か帰結を導くような条件文になるわけではない。だから、これで逆、裏、対偶を作ろうと思っても無理である。

問66の解答
(1) 逆：プーが考えごとの散歩をひとりでするなら、コブタはひまじゃないってことだ。

裏：コブタがひまなら、プーは考えごとの散歩をひとりですることはしない。

対偶：プーが考えごとの散歩をひとりでするのではないなら、コブタはひまだってことだ。

(2) 逆、裏、対偶は作れない。
(3) 逆：森に住んでいるのはクリストファー・ロビンの親友だ。

裏：クリストファー・ロビンの親友じゃないものは、森に住んでいない。

対偶：森に住んでいないものは、クリストファー・ロビンの親友ではない。

4.1 逆は必ずしも真ならず

> **問 67** 次は新聞に掲載された投書である。通産省（現在の経済産業省）の説明と投書者の提案が必ずしも同じ意味ではないことを説明せよ。
>
> 　通産省が「容器包装リサイクル法」に対して「中身と分離した時に不要にならないものは、容器包装じゃない」と説明していましたが、何度読んでもスッキリと理解できません。「中身と分離した時に不要になるものは容器包装です」ならわかりやすいのに。

投書者の気持ちはよく分かる。そしてまた、通産省がこのように表現した真意もはっきりしない。しかし、それでもやはり通産省の説明のように表現しなければならないという意味もあるのである。並べて記してみよう。

　　中身と分離した時に不要にならないものは容器包装ではない　……(1)
　　中身と分離した時に不要になるものは容器包装である　……(2)

　まず形だけ言うならば、(2)は(1)の裏になっている。それゆえ、(2)は必ずしも(1)の正確な言い換えにはなっていないはずである。
　では、(1)と(2)の意味の違いを明らかにするようなものとして、どのような具体的なケースがあるだろうか。店で売っているあれやこれやを思い浮かべて考えてみていただきたい。なるほど醬油とかマヨネーズといった商品に関して言えば、(1)と(2)は同じ意味となるだろう。しかし、お菓子のたぐい、とくにクリスマスやバレンタイン・デーなどの時期に売り出される多くの商品には、中身でも容器でもない飾りがいろいろとついている。それらは「容器包装」なのだろうか。
　投書者の提案に従えば、それは「容器包装」になってしまう。というのも、中身と分離したときに不要になるからである。いや、慎重な物言いをしよう。不要ではない飾りもあるだろうが、不要としか思えない飾りもあるからである。このことを考えると、投書者の文は必ずしも適切ではないことが分かるだろう。きちんと表現しようとすると、なかなか難しいのである。
　そこで出てくる苦肉の策が通産省の説明となる。ともあれ飾りなどに関しては言及しない。ただ、箱としても十分使えるようなものは「容器包

装」ではありません、とだけ言う。じゃあ「容器包装」って何なのかと言うと、まあそれはむにゃむにゃむにゃ、というわけである。

問 67 の解答　投書者の文は通産省の説明の裏になっている。それゆえ意味は同じではない。実際、商品につけられた不要な飾りなどは投書者の規定によれば容器包装となってしまう。他方、通産省の説明は、不要な飾りが容器包装であるかどうかには触れていない。

　飾りが容器包装じゃないなんてことは常識じゃないか、と投書者は反論するだろうか。そのとおりである。しかし、暗黙の常識に訴えようとせずに、常識をも明示しながらあることがらを規定しようとすると、一般にひどくやっかいなことになるのである。かくして、役所の文書などはしばしばひどくまわりくどい言い方になってしまう。
　それにしても、ひとつの文に否定を二つ使った通産省の説明は、たしかに責められるべきものだろう。そこで私の提案はこうである。

　　　中身と分離した時に不要になるもののみを容器包装とする　……(3)

　これはなかなかずるい。この文をさらっと読むと多くの人は(2)と同じ意味に理解するのではないだろうか。だが、実は、これは(2)と同じ意味ではない。文中の「のみ」が効いているのである。そしてそのために(3)は通産省の説明(1)と同じ意味になっている。「容器包装」とは、ただ中身と分離した時に不要になるものだけを指す。しかし、中身と分離したときに不要になるものがすべて容器包装だとまでは言っていない。

4.2 「のみ」の話

　「のみ」の話もけっこうだいじなので、その説明をしておこう。問題は次の二つの文の意味の違いである。

　　　中身と分離した時に不要になるものは容器包装である　……(2)
　　　中身と分離した時に不要になるもののみを容器包装とする　……(3)

違いが分かるだろうか。(2)は不要になるものはすべて容器包装だと言っている。それに対して(3)は、少なくとも不要になるものだけが容器包装なのだとは言っているが、不要になるものすべてが容器包装だとまでは言っていない。

別の例で見てみよう。

  ウラシマさんは晴れた日には釣をする　……(a)
  ウラシマさんは晴れた日だけ釣をする　……(b)

例えば今日は晴れているとする。ウラシマさんは釣をしているだろうか。(a)は「してるともさ」と答える。あの人は晴れると決まって釣に行くから。他方、(b)は「分からないなあ」と答える。ウラシマさんが釣に行くのはたしかに晴れた日だけだけれど、今日はどうかなあ、というわけである。

あるいは今日は雨が降っているとする。ウラシマさんは釣をしているだろうか。(b)は「してるわけない」と答える。だってあの人が釣に行くのは晴れた日だけだから。他方、(a)は「分からないよ」と答える。晴れた日は必ず釣に行くけれど、そうでないときは釣に行くこともあれば行かないこともある。今日はどうだろうね。

ここで、(b)は(a)の逆になっている。

  ウラシマさんが釣をするのは晴れた日である　……(a)の逆
  ウラシマさんは晴れた日だけ釣をする　……(b)

これは同じ意味である。図示してみよう。

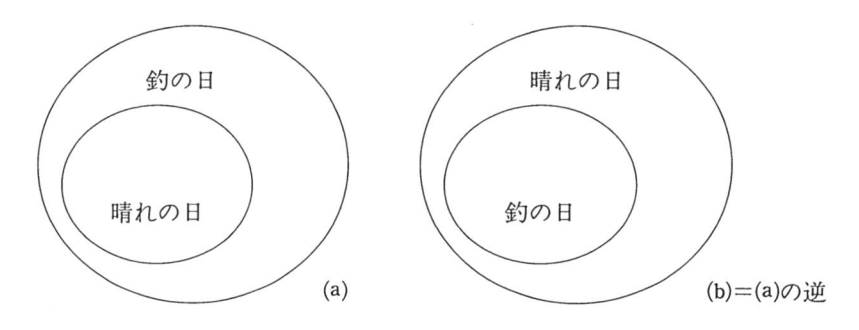

(a): 外円「釣の日」、内円「晴れの日」

(b)＝(a)の逆: 外円「晴れの日」、内円「釣の日」

> AのときだけB＝BならばA＝「AならばB」の逆

それゆえ、次の推論は演繹としては正しくないので、注意しなければならない。

　　AのときだけB
　　A
　　だから
　　B

4.3 まちがった演繹

では、まちがった演繹を見抜く練習をしてみよう。注意すべきは次の二点である。
(1) 逆は必ずしも真ならず。
(2) 「のみ」や「だけ」の構造を的確に捉える。

問68 次の下線部に示された導出について、演繹として正しいならば○、誤っているならば×をつけよ。

太郎は一瞬のうちに老人になった。何が起こったのだろう。聞くところによると玉手箱を開けると一瞬のうちに老人になるという。<u>してみると、太郎は玉手箱を開けてしまったのだ。</u>

この文章の構造はこうである。

　　太郎は一瞬のうちに老人になった　……(a)
　　玉手箱を開けると一瞬のうちに老人になる　……(b)
　　だから
　　太郎は玉手箱を開けてしまったのだ　……(c)

4.3 まちがった演繹

(b)の逆を作ってみよう。少し作りにくいが、こう表現できる。

(b)の逆：一瞬のうちに老人になるとすれば、それは玉手箱を開けたからだ。

もしこれが言えているならば「(a)一瞬のうちに老人になった」と組み合せて「(c)玉手箱を開けたのだ」が正しく演繹される。しかし、これは(b)の逆であり、(b)そのものではない。

(b)の主張に正確に従うならば、「なるほど玉手箱を開ければ一瞬のうちに老人になるのだが、そうなるのは玉手箱だけとはかぎらないかもしれない」という可能性が残る。その可能性がきわめて低いものであったとしても、そのような可能性が残されるかぎりは、与えられた前提からこの結論を一本道で導くことはできない。

太郎は例えば玉足箱を開けてしまったために一瞬のうちに老人になったのかもしれない。つまり、豚を助けて豚宮城に行き豚姫様に玉足箱をもらって帰ってきたという可能性も、ないわけではない。あるいは不思議な液体を飲んだために一瞬にして老人になったのかもしれない。あるいは……、まあ、いいだろう。つまり、いろいろなのである。

問 68 の解答　×

問 69　次の下線部に示された導出について、演繹として正しいならば○、誤っているならば×をつけよ。

平城京跡などの遺跡でしばしば木簡が発掘されます。しかし、土中にあった木がどうして腐らずに残っていたのでしょうか。腐朽菌(ふきゅう)は十分に酸素があるところでしか生きられません。そして腐朽菌がなければ木は腐りません。地下水位より下の土中は水に浸かっているも同然なので、酸素が少ない状態になっています。発掘される木簡は地下水位より下にあったものなのです。<u>だから、腐らずに残っていたというわけです。</u>

この文章の構造はこうである。

　　十分に酸素があるところでしか、腐朽菌は生きられない　……(a)
　　腐朽菌がなければ腐らない　……(b)
　　地下水位より下の土中は酸素が少ない状態である　……(c)
　　発掘される木簡は地下水位より下にあった　……(d)
　　だから
　　発掘される木簡は腐らずに残っていた　……(e)

　(a)の「しか」に注意してほしい。これは「酸素が十分でないところでは腐朽菌は生きられない」と同じ意味である。
　そうすると、まず(a)＋(b)＋(c)から「地下水位より下の土中では腐らない」という結論が引かれる。そしてこれと(d)を組み合せて、そこから(e)が出てくることになる。
　論証図は次のようになる。

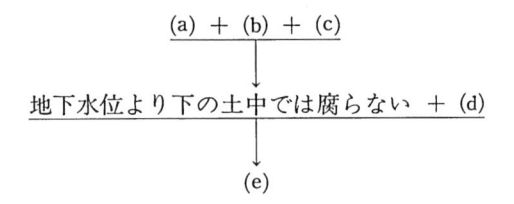

```
            (a) ＋ (b) ＋ (c)
                  ↓
   地下水位より下の土中では腐らない ＋ (d)
                  ↓
                 (e)
```

　問69の解答　○

4.4　隠れた前提

　次に、論証において明示されていないが、論証を完成させるためには必要とされる隠れた前提を探す練習をしよう。
　演繹のすべてのステップが省略されずにぜんぶ律儀に書かれてあることは、数学の証明などではともかく、日常的なふつうの文章ではまれである。そしてそれはけっして責められるべきことではない。結論を導くための前提をすべて厳格に列挙していたのでは、むしろ冗長で読むにたえないものになってしまうだろう。

4.4 隠れた前提

そこで、隠れた前提を探り出すという作業が演繹的な論証を評価するさいにはきわめて重要なこととなる。

例えば、問69の文章を次のように書いたとしよう。

　平城京跡などの遺跡でしばしば木簡が発掘されますが、それらは地下水位よりも下にあったものです。地下水位より下の土中は水に浸かっているも同然なので、酸素が少ない状態になっています。だから、腐朽菌は生きることができず、それゆえ木簡も腐らずに残っていたというわけです。

この論証においては、次の二つの前提が省略されている。

(1)腐朽菌は酸素が少ない状態では生きられない。
(2)腐朽菌がなければ木は腐らない。

そしてこの文章では、たとえこの前提について知らない人が読んだとしても、ほぼ自動的にそれを補完して読むことができるだろう。それゆえ、このような省略にはほとんど害がないと言ってよい。
　だが、もちろん、無害な場合ばかりではない。まずは猛烈と言ってよい論証を問題にしてみよう。

問70　次の下線部に示された論証の隠れた前提を取り出せ。
　私は今年73歳になるオジンだが、脳梗塞、動脈硬化、白血病、前立腺癌、それに死を予告された末期の膀胱癌を抱えている。<u>したがって本や新聞はいっさい読まない</u>。テレビっ子である。

暴力的な導出であり、内容とあいまって壮絶な爽快感さえある。これを説得力ある論証として立てることができるだろうか。
　演繹として完成させたいだけならば、前提と結論をつないだ文を隠れた前

提として明示すればよい。つまり、こうである。

　　脳梗塞、動脈硬化、白血病、前立腺癌、末期の膀胱癌を抱えている73歳のオジンは本や新聞はいっさい読まず、テレビっ子だ。

　しかし、これでは相変わらず飛びすぎだろう。
　私は、この論証に説得力をもたせるのは無理だろうなと思いながらも、どこかこの「したがって」に「そうだろうな」と思わずにいられないのである。どうしてだろうか。
　おそらく、もうあとくされのないものだけに関わりたいのである。何かを残したいと思って発信されているようなものは、いわば、うざったいのである。死を前にして、徹底的に表層に立ち止まり、その一瞬をただその一瞬だけのものとして消費していきたい。そのためにも、わずかでも痕跡を残そうとする活字情報は拒否されねばならない。刹那に結びかつ消えていくうたかたのようなテレビの画像を眺めるのでなければならない。おそらくそんな感じなのだろう。説得力をもつには至らないかもしれないが、私自身は個人的に共感する。
　しかし、問題に解答するのはいささかしんどいだろう。隠れた前提が多すぎる。しかも、この前提にまったく共感しない人にはお手上げであるに違いない。できなくても、しょうがない。

　問70の解答　この論証には次の前提が隠れていると考えられる。
(1)死を前にした者にとって重要なのはいまの一瞬である。
(2)いまの一瞬をだいじにするには、わずかでも蓄積されるような情報を拒否しなければならない。
(3)本や新聞は多かれ少なかれ蓄積されるような情報を伝えている。
(4)また、いまの一瞬をだいじにするには、完全に消費され、まったくあとに残らない情報に触れるべきである。
(5)テレビは、完全に消費され、あとに残らない情報を流している。

　いささかむちゃな問題を出してしまったことを反省して、もっと地道に基本的な練習をやることにしよう。

4.4 隠れた前提

> **問71** 次に含まれる論証の隠れた前提を取り出せ。
>
> (1) テングタケは毒キノコだ。だから、食べられない。
>
> (2) 「さっき彼と碁を打ってただろ。勝った？」「いや、勝てなかった」「なんだ。負けたのか。だらしないな」
>
> (3) 吠える犬は弱虫だ。うちのポチはよく吠える。だから、うちのポチは弱虫だ。

まず、前提が隠れている代表的なパターンを示そう。上の(1)―(3)がそのどれに当てはまるか、考えていただきたい。

(a) すべてのAはBだ。だから、このaはBだ。

この論証には「このaはAだ」という前提が隠れている。

(b) AはBだ。だから、AはCだ。

この論証には「BはCだ」という前提が隠れている。

(c) Aではない。だから、Bだ。

この論証には「AかBかどちらかだ」という前提が隠れている。

論証においていくつかの前提が明示されていないというのは、ふつうはそれがとりたてて書くほどのことではないからであるが、しかし、そうして自明視している前提がときに誤りの元凶ともなる。とくに、独善的な論証ほど、問題のある前提が隠されている。それゆえ、隠された前提を探り出すことは論証の批判にとって決定的に重要なことである。

さて、問71を見ていこう。

(1)では、「毒キノコは食べられない」という前提が隠れている。パターンとしては(b)になる。

なお、この前提はまちがっている。テングタケはたしかに毒キノコであるが、適当な処置をすれば、危険は残るが食べられるらしい。そして、すごくおいしいらしい。

(2)はうっかりすると何も隠れていないように思えるかもしれない。しかし、「勝てなかった。だから、負けたのだ」という論証には、「勝つか負けるかどちらかだ」という前提が働いている。ちなみに、この前提もまちがっている。引き分け（持碁）がある。これはタイプ(c)であるが、このタイプが隠しもっている単純な二分法はしばしば誤りのもととなる。

(3)は難問と言うべきなのかもしれない。ポチが犬だとはどこにも書いてないのである。もし「うちのポチ」が虎だったらこの論証は成り立たない。パターンとしては(a)である。

問71の解答　それぞれ次の前提が隠れている。
(1)毒キノコは食べられない。
(2)碁は勝つか負けるかどちらかだ。
(3)うちのポチは犬だ。

問72　次の論証の隠れた前提を取り出せ。
　日本の自動販売機は、商品を美味しく見せるための、メタクリレート樹脂でできた透明のカバーで、ショーウィンドウのように覆われています。ところが、この美しい樹脂が自動販売機にそのまま使われているのは日本だけで、外国では使えません。なぜなら、メタクリレート樹脂はきれいですが、ハンマーで打ち壊せば簡単に砕けるからです。

　論証を完成させるために、もっともストレートな前提を置くならば、「ハンマーで砕けるような素材は外国の自動販売機には使えない」というものとなるだろう。しかし、ここはもうひと手間かけたいところである。なぜ外国

の自動販売機にはそういう素材は使えないのか。言うまでもなく、壊されて中身が盗まれるからだろう。

ちなみに、問題文は原文のままであるが、こうした文章で「外国」という言葉が使われるとき、それはほとんどの場合「日本以外のすべての国」を論理的に意味するものではない。たいていは著者の念頭にある一部の外国のことと思われる。

問72の解答　次の二つの前提が隠れている。
(1)外国ではハンマーで簡単に壊せるような自動販売機では壊されて中身が盗まれてしまう。
(2)中身が盗まれてしまうような自動販売機は使えない。

問73　次の下線部(a)(b)に示された論証の隠れた前提を取り出せ。
　ソニーのアイボのような愛玩用ロボットが誕生するための素地は「たまごっち」やパソコンでの育成ゲームによって、ある文化的文脈では既にしっかりと存在していた。ただ、反応の仕方があまりに類型的だったためか、たまごっちはすぐにあきられ、結局は企業に在庫抱えという損害を与えた。しかしアイボはあくまでも本格的な家庭用ロボットの起動的モデルにすぎないわけ(a)だから、自然進化をはるかに上回る速度で進化を遂げるはずだ。(b)だからいまのアイボは倉庫に眠るのではなく、博物館に陳列されることになるだろう。そして未来の人は、ちょうどわれわれが恐竜の骨格を見学して想像の世界に遊ぶように、アイボを見ながら、それを「愛玩」していた二十世紀人の心性がどのようなものだったのかをいぶかしみ、微笑するだろう。

　この「だから」は、二つともさほど暴力的なところのない「だから」である。しかし、飛躍はある。
　まず最初の「だから」について考えよう。アイボが本格的家庭用ロボットの最初の起動的モデルにすぎないということから、それは今後さらに進化していくはずだという結論はすなおに出てくる。実際に進化していくかどうか

は分からないが、少なくとも今後の進化が見込まれているということが、すなわち「起動的モデル」ということの意味だからである。
　しかし、それが自然的進化をはるかに上回る速度になるということは直接には出てこない。
　ここにある前提は、現代のテクノロジーによる進化が一般に自然的進化の速度をはるかに上回る速度で為されている、というものだろう。だから、アイボもまた、現代技術の所産である以上、自然の進化のスピードよりもはるかに速く進化するはずだ、というわけである。
　二番目の「だから」に示される導出では、この「自然進化の速度をはるかに上回る」というポイントは効いてこない。それは次に恐竜の事例が挙げられていることからも分かる。たんに「進化するものの最初のものは博物館に陳列される」というつながりになっている。博物館はたんに珍品の収集・展示館ではない。それは先に進んだという意識をもったものが、自分たちのオリジンとなるものを展示する場所なのである。そしてアイボはそのような原型としての位置を与えられるだろう。だから、博物館に陳列されるというのである。

　問73の解答　(a)一般に、現代技術による進化は自然進化よりもはるかに速く為される。
　(b)一般に、進化の系列のより早い段階にあるものは、進化の先に位置する者たちによって博物館に展示するにふさわしいものとなる。

4.5　推測の構造

推測の検討に移ろう。もう一度確認しておく。推測とは次のように規定される導出である。

　推測：あることがらを証拠として、それをもとにそのことがらをうまく説明してくれるような仮説を形成するタイプの導出。

自然科学はそうした活動のみごとな例と言えるが、日常生活でもわれわれは推測をごくふつうに行なっている。たとえば、台所から居間にむかって濡れた跡が点々とついているとき、我が家であれば、「またうちの猫が流しで

4.5 推測の構造

水遊びをした」と考える。これは推測である。あるいは、くしゃみ、鼻水、鼻づまりに悩まされ、「風邪を引いたかな」と思う。これも推測である。

　仮説は証拠となることがらを説明する。「説明」にもいくつかのタイプのものがあるが、ここでは、「説明」とは、仮説に適切な前提を補うことによって証拠となることがらを演繹することにほかならない。

　それゆえ、おおざっぱに言えば、推測と演繹は互いに逆方向の導出となる。具体的に見てみよう。

例1　彼女の家に電話したけど出ない。留守なのだろう。

書きなおすまでもないかもしれないが、この推測はこうである。

　　証拠：彼女の家に電話したがつながらない　……(1)
　　だから
　　仮説：彼女の家には誰もいない　……(2)

仮説(2)は証拠(1)を説明している。ただし、(2)から(1)の導出が、そのままで演繹になっているわけではない。ここには次のような前提が働いている。

　　前提：彼女の家の電話には転送機能はついていない　……(3)

「転送機能」とは、留守中に電話があったときにそこから携帯電話などに転送する機能のことである。もしそういう機能がついていたならば、「留守だ」という仮説は「電話に出ない」ということをうまく説明するものとはならない。

　逆に、前提(3)が補われるならば、次の演繹が成立している。

　　彼女の家には誰もいない
　　彼女の家の電話はそこに誰かがいなければつながらない
　　だから
　　彼女の家に電話してもつながらない

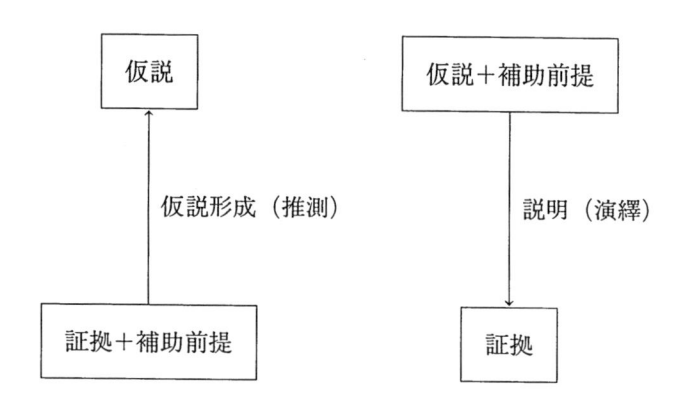

一般に、次の関係が成り立っている。

```
    仮説                    仮説＋補助前提
     ↑                          │
     │                          │
 仮説形成（推測）            説明（演繹）
     │                          │
     │                          ↓
 証拠＋補助前提                 証拠
```

　証拠と補助前提の違いは、仮説形成の場面だけを見ていたのでは区別がつかない。そこで形成された仮説から、逆方向に説明を構成してみたときに、仮説が説明しているものが証拠である。補助前提は「なぜ？」と問われている関心の対象ではなく、こうした推測において前提とされている枠組であるから、仮説形成のときには証拠に加わり、説明のときには仮説の方に加わることになる。

　仮説を支持する根拠のうち、仮説が説明するものが証拠、そう理解してほしい。

問74 次の文章に示される推測において証拠、補助前提、仮説をそれぞれ挙げよ。

　バスが通るにしては狭い道路に面して、今どき珍しい板壁の家があり、壁に立て掛けられた洗濯機は、無造作に家の外にある。洗濯機には張り紙があって、そこに書かれた文字を読むことが可能だ。
「使っています」
　わざわざ「使っています」などと断わり書きをしてある洗濯機を、私はかつて見たことがなかった。めったにあることじゃなかったので、いいものを見せてもらった気がしたが、それにしたって、この張り紙にはどんな意味が込められているのだろう。私は丹念に洗濯機を観察した。私が知る

4.5 推測の構造

ことが出来るのは、「使っているらしい」ということだが、べつにいま洗濯中ということでもないらしい。電源コードは家の中に延びているが、洗濯機のスイッチは切れている。ところどころサビつき、泥がはねて側面は汚れている。表面のプリントは色あせ、ずいぶん以前のモデルらしいことがわかる。それで私はようやく気が付いたのだ。「使っています」とあえて書かなければ、ゴミと間違えられる恐れがあるのだ。

しかもそうして明記しなければ、ゴミだと解釈して持ち去ろうとするやつがいるのだろう。それは一度や二度ではなかったはずだ。持ち主は、「使っています」と張り紙をせずにはいられなかった。

　洗濯機に張り紙がしてある。なぜだろう。これが説明を求められている事実である。

　これだけではうまく仮説が形成できない。そこでさらに観察をする。現在使用中ではない。洗濯機は汚れていて、旧式である。そしてこの観察から、「張り紙をしなければゴミと間違えられる」という考えに思いいたる。

　そして、ゴミなら持ってっちまおうと思った人がこれまで何度か現われたに違いない。だから、使用者は持っていかれないように張り紙をしたのだ、そう想像する。これが、仮説である。

　問題は「洗濯機は汚れていて旧式だ」という観察、および、「張り紙をしなければゴミと思われる」という判断の身分である。

　まず、「張り紙をしなければゴミと思われる」という判断は仮説ではないことに注意しよう。「汚れていて旧式の洗濯機をそのまま外に放置しておけばゴミと思われる」というのは常識に属することであり、この常識を補って、観察された事実から演繹した結果にほかならない。

　では、その判断の元となった「洗濯機は汚れていて旧式だ」という観察の身分は何か。仮説形成の場面から説明の場面に目を転じてほしい。提示された仮説はこの観察を説明するものだろうか。そうではないだろう。推測された仮説はこんな張り紙がしてあることを説明するのであって、洗濯機が汚れていて旧式であることを説明するのではない。それゆえ、これは補助前提である。

問 74 の解答
証拠：外に置かれた洗濯機に「使っています」という張り紙がしてある。
仮説：洗濯機の使用者は、持っていかれないように張り紙をした。
補助前提：この洗濯機はゴミと間違えられそうなくらい汚れていて旧式である。

4.6 代替仮説の可能性

推測に関して、もうひとつ重要なことが代替仮説の可能性である。
　一般に、証拠から推測される仮説は唯一のものではない。最初に上げた例で言えば、台所から居間へと濡れた跡がついていたのは、我が家の猫の仕業ではなく、夜中に寝呆けた私自身がやったことかもしれない。あるいは、くしゃみ、鼻水、鼻づまりは、風邪を引いたのではなく、ついにやってきた花粉症のせいかもしれない。
　そこで、提案された仮説による証拠の説明がうまく成功していたとしても、もし他に有力な代替仮説がありうるならば、その分だけその推測は説得力の弱いものとなる。
　問 74 を利用して問題にしてみよう。

問 75　問 74 の推測に関して、提案されている仮説とは異なる代替仮説の可能性を考えてみよ。

　持っていかれたくないという以外に、「使っています」などという張り紙をするどのような理由が考えられるだろうか。
　ひとつは、「使用中であるからスイッチを切らないでほしいという意思表示をしている」というものである。しかし、それに対しては、「スイッチは切れている」という現場の観察が報告されている。問題文中「いま洗濯中ということでもないらしい」という部分は、こうして周到にも代替仮説の可能性を却下しているのである。
　しかし、まだその線を追及する余地はある。その張り紙はたしかに作動中ということを表示するためのものであり、スイッチが切れているにもかかわ

らず張られてあるのは、たんにとり忘れたのかもしれない。
　他にもまだ考えようと思えば考えられる。
　誰かのイタズラかもしれない。
　あるいは、「使っていいです」と書こうとして書きまちがえたのかもしれない。
　あるいは、そういう芸術作品なのかもしれない。
　あるいは、この洗濯機には「使っています」という愛称がつけられていて、それはその名札かもしれない。
　……考えられはするが、あまり有力な代替仮説ではない。ということは、問題文の推測はそれだけ説得力のあるものだったということになる。
　と、あきらめようと思ったのだが、ひとつ有力な代替仮説があった。ゴミとまちがえられたくないというところまでは同じなのだが、「持っていかれたくない」というのではなく、吸い殻や空き缶や鼻をかんだティッシュなどを放りこまれないように、というのである。これは有力である。とすれば、その分、問題文の推測は弱いものとなる。考えてみれば、大体いくらゴミだとしても、洗濯機などそう簡単に持っていけるものではない。

　問75の解答例　ゴミ箱代わりに使われないように張り紙をした。

　一般に、推測の適切さ、説得力は次の二点から評価される。

> (1)仮説は証拠となることがらを適切に説明しているか。
> (2)他に有力な代替仮説は考えられないか。

　もし仮説が証拠を適切に説明していないようならば、そもそもその推測は成立しない。
　そして説明には成功していたとしても、他に代替仮説があり、そちらの方がよりうまく説明するというのであれば、その推測には説得力がないということになる。

推理と言えばシャーロック・ホームズである。ひとつ問題にしてみよう。

> **問76** 次の推測において、他の可能な仮説を考えよ。
>
> 椅子にもたれて、なかば閉じたまぶたの下から私の方をするどく見ながら、ホームズは言った。「君は、ちかごろからだの具合がよくなかったね。夏の風邪は少々苦しいものだ」
>
> 「じつは先週三日ばかり、ひどく寒気がして家にこもっていたよ。だが、もうすっかりよくなったようだ」
>
> 「そうだろうよ。だいぶ元気そうだ」
>
> 「じゃ、君はどうしてぼくの病気がわかったんだい」
>
> 「ねえ、君。ぼくのやり方を知ってるんだろう」
>
> 「じゃ、推理でわかったんだね」
>
> 「そのとおりだ」
>
> 「どういうところから？」
>
> 「君のスリッパからさ」
>
> 私は自分のはいているエナメル革のスリッパに目をやって、「いったいどうして――」といいかけたが、ホームズは私の問いの終わらぬさきに、それに答えた。
>
> 「君のスリッパは新しい。それに買ってから三週間しかたっていない。今ぼくのほうへ向けている底には少し焦げたところがある。ぼくは、ちょっとのあいだは、それは濡れたので乾かしているうちに焼けたんだと思っていたが、甲の近くに、商人の符牒を書いた小さな丸い封緘紙がはってある。濡れたのなら、もちろんこれは取れているはずだ。だから君は暖炉に両足をひろげていたことになるのだが、健康な人なら、いくら雨の多い六月だといっても、そんなまねはしないだろう」

　スリッパの焦げ跡からワトスンの風邪を推測するというのは、いかにもホームズであるが、この推理はホームズのものとしては飛躍の少ない方と言える。とはいえ、やはりまだかなり飛躍がある。

4.6 代替仮説の可能性

ここには次の二つの推理が含まれている。

(1)まだ新しいスリッパに焦げ跡がついている。
　だから
　ワトスンは最近そのスリッパをはいて暖炉に向けて足を投げ出していた。

(2)六月だというのに、ワトスンは暖炉に向けて足を投げ出していた。
　だから
　ワトスンは風邪を引いて寒気がしていた。

できれば、この両方に関して代替仮説の可能性を考えてみてほしい。(二つの推理があったことに気がつかず、ひとつの代替仮説しか考えていなかった人は、もう一度問題に戻って考えてみていただきたい。)
　さらに言えば、(1)にはいくつかの推測が含まれている。
(a)スリッパが新しいから、焦がしたのも最近である。
(b)いまワトスンがはいているからそれはワトスンのスリッパである。
(c)ワトスンのスリッパだから、焦がしたのもワトスンである。
(d)焦げ跡は暖炉に向かって足を投げ出していたためについたものである。
これらのそれぞれに代替仮説が考えられる。
　計、少なくとも五つの代替仮説が考えられることになる。解答は一例であり、他にも想像をたくましくすれば考えられるだろう。

問76の解答例
(1)(a)冬に新品のスリッパを焦がしてしまい、それ以来使わずにしまっておいたのをここにきてまた取り出してはいているのかもしれない。
(b)誰かが焦がしてしまったスリッパを捨てようとしていたのをワトスンがもらってきたのかもしれない。
(c)ワトスンのところのがさつな女中メアリ・ジェインが主人の留守にはいていて焦がしたのかもしれない。
(d)焦げ跡は、床に落ちた葉巻から紙に火がつき、あわててそれを消そうとして踏んづけたときについたものかもしれない。
　あるいはメアリ・ジェインがお茶をこぼし、それを洗って乾かそうとした

ときについてのかもしれない。ただし、お茶はうまく封緘紙にかからないようにこぼれたのだろう。

(2)その日はほんとうに寒く、風邪をひいてなくとも暖房にかぶりついていたくなる陽気だったのかもしれない。ただし、その日ホームズはコカインでいささか夢見心地だったので寒かったことを知らない。

あるいは、酔って帰宅し、暖房のところまでたどり着いて寝込んでしまったのかもしれない。

いろいろ考えられる。これは論理というより想像力の問題に思われるかもしれない。しかし、つじつまがあうかぎり、決めつけを避けてあらゆる可能性を考えてみるというのは、まさしく論理の力なのである。

4.7 因果関係を探る

推測においてしばしば問題になる重要な問題が、因果関係である。目の前の結果を証拠として、その原因を探る。このタイプの推測に関して問題をやってみよう。

問77 次の推測において、他の可能な仮説を考えよ。

ふだんの食事をマクドナルドですませるような若い男性に、精子減少や精子奇形などの異常が現われている。このことから、ファストフードのハンバーガーが精子異常の原因となっていると考えられる。

『買ってはいけない』(『週間金曜日』別冊ブックレット)という物議をかもした本は、このことを「マクドナルドのハンバーガーは食べてはいけない」という理由のひとつに挙げていた。よけいなことかもしれないが、この本は、だいじなことも含まれていないわけではないだろうに、全体にその独善的な論調が災いして、私などには愉快でない印象しか与えなかった。

問題文は、ハンバーガーが精子異常の原因であると結論するにはまだきわめて根拠薄弱なものとなっている。ここには、ひとつのありがちな初歩的ミスが見られる。

4.7 因果関係を探る

まず一般的な説明をしておこう。

二つのタイプの現象AとBが伴って生じているとき、そこには少なくとも次の四つのパターンが考えられる。

(1) たんなる偶然
(2) AがBの原因
(3) BがAの原因
(4) AとBの共通原因Cが存在する

とくに注意すべきは(4)の共通原因の存在である。たとえば、風邪の初期症状としてくしゃみや鼻水が出て、それから発熱するといったような場合、誰もくしゃみ鼻水が発熱の原因だとは考えないだろう。そこには両者をともに引き起こした共通の原因がある。あるいは老眼の人ほど記憶力が悪いという結果がかりに出たとしても、老眼が記憶力減退の原因だとは誰も考えない。あるいはまた、梅が咲くことが桜が咲くことの原因だとは考えない。

しかも、共通原因の存在は、ややもするとけっこうきれいな相関関係が現われてくるので、いっそうの注意が必要である。

さて、ファストフードのハンバーガーをよく食べている人に精子異常が多いという相関関係が見られたとしよう。この場合、まず考えられるのは共通原因の存在である。なぜハンバーガーをよく食べるのか。それはおそらく、ハンバーガーだけではなく、スナック菓子やインスタントラーメンといった手軽なジャンクフードを好むためだろう。それは手軽だから、安いから、あるいはおいしいから、といった理由で好まれる。とすると、いきおいそういう人たちはバランスよく栄養をとることができない。その結果、精子異常が引き起こされるのではないか。

ちなみに、『買ってはいけない』に対抗して出版された『「買ってはいけない」は買ってはいけない』（夏目書房）という本では、アメリカ人男性に対してはそのような相関は見られないという指摘が為されていた。私がいま提案した仮説はそのことも説明できる。つまり、アメリカの場合にはジャンクフードが好きだからハンバーガーを食べるのではなく、肉が好きだからハンバーガーを食べるのである。それゆえ、彼らはそれなりの食生活の中にハン

バーガーを取り入れており、したがって栄養の偏りも生じていない。だから精子異常も生じない。もちろん、これもあまり確たる証拠のある仮説ではなく、それに対して「アメリカ人の精子の方が強靱なのである」などといった代替仮説を提案することもできよう。

さらに付け加えておくならば、『「社会調査」のウソ』（谷岡一郎、文春新書）という本はハンバーガーと精子異常の相関に関する調査そのものにきわめて懐疑的であった。

雑談になってしまうが、私はどちらかといえばハンバーガー派ではなく、立ち食いソバ派である。それゆえ、私としてはぜひ、立ち食いソバ派の精子異常も調べてほしいと思わざるをえない。

問 77 の解答例　スナック菓子やインスタント食品などを好む食習慣があるためハンバーガーをよく食べるのであり、その食習慣のために栄養に偏りが生じ、その結果、精子異常を引き起こしているとも考えられる。

問 78　次の推測において、他の可能な仮説を考えよ。
　NTT ドコモの調査によると、携帯電話の 1 日の利用回数や、1 カ月の利用金額が多くなるほど、「深い話ができる親友」が増える。さらに、携帯電話を使わない人の 51％が「人と直接会って話すことが面倒だ」と感じるのに対し、1 日に 5 回以上、1 カ月 1 万円以上、携帯電話を利用する人では、30％にとどまった。この調査を踏まえて、ドコモの大星公二会長は、携帯電話が人間関係を円滑にすると強調している。

文章は多少原文と変えてあるが、趣旨は変えていない。調査は首都圏の男女 1000 人に聞いたものであり、その 7 割が携帯電話を使っていたという。

多少問題を単純化しよう。携帯電話を使用していることと、円滑な人間関係をもっていることとの間に相関関係が見られたとする。さてそのことは、携帯電話が人間関係を円滑にする原因として働いているという仮説をどのくらい支持するだろうか。

ドコモの会長には申し訳ないが、あまり説得力はない。この場合には共通

4.7 因果関係を探る

原因があるというよりも、因果関係が逆と考えてよい。だいたい、7割が携帯電話を使っているような世代に聞いたならば、携帯電話をもっていない人の方にいささか偏屈な、つきあいの悪いタイプの割合が多いと考えてよいだろう。

さらに踏み込んで考えてみることもできる。この調査で分かったことは、携帯電話を使っていることと円滑な人間関係をもっていることとの相関関係ではない。それは「円滑な人間関係をもっている」と答えることとの相関関係でしかない。そして調査に対してそう答えることと、実際にそうであることとの間にはギャップがありうる。携帯電話をあえて使わない若い人たちの方が「深い人間関係」に対する基準が厳しく、それゆえ調査に対して気楽に「親友がいる」とは答えられなかったということかもしれない。

問78の解答例 携帯電話を使っているから人間関係が広くなるのではなく、広い交友関係をもっているから、携帯電話を使うとも考えられる。

また、携帯電話をあえて使わない若い人たちの方が、人間関係の深さに対する基準が厳しく、それゆえ気楽に「親友がいる」とは答えなかったのかもしれない。

本章をふりかえってくりかえしておこう。
演繹に関してだいじなことは次の二点である。
  (1) 逆は必ずしも真ならず。
  (2) 隠れた前提を探せ。
推測の適切さに関しては次の二点のチェックが必要。
  (3) 仮説は証拠となることがらをうまく説明しているか。
  (4) ほかに有力な代替仮説はないか。
とくに因果関係の推測に関しては次が重要である。
  (5) 第三の共通原因が存在するのではないか。

練習問題 4

問 79 次の文のうち、可能なものに対して、逆、裏、対偶を作れ。
(1)カンガルーには育児嚢（のう）がついている。
(2)有袋類なのに育児嚢がまったくないものもいる。
(3)草原に生息しているならば、オオカンガルーではない。

問 80 次の(1)と同じ意味の文は(a)—(c)のどれか。

　　日本の学校だけが修学旅行を行なっている　……(1)

　　(a)日本の学校はどこでも修学旅行を行なっている
　　(b)日本以外の国の学校はどこも修学旅行は行なっていない
　　(c)修学旅行を行なっていないならば、それは日本の学校ではない

問 81 次の下線部に示された導出について、演繹として正しいならば○、誤っているならば×をつけよ。
　　A「本村先生、弥生賞、とったみたい？」
　　B「なんか、当てたみたいよ」
　　A「よし、頼みに行こう。単位足りないんだ」
　　B「何それ？」
　　A「だって、あの先生、馬券とったときだけだもんね、きげんいいの」
　　B「弥生賞当てたからチャンスってわけ？」
　　A「そう。だからもうごきげんでしょ」

問 82 次の下線部に示された導出について、演繹として正しいならば○、誤っているならば×をつけよ。
　　落とし物を届けないと遺失物等横領罪になる。さらに、持ち主がそれを置いておいたものだと主張した場合には、さらに重い窃盗罪に問われる。しかし、軽い罪のつもりでそれより重い罪になると知らなかった場合には、重い罪の方で処罰することはできない。したがって、遺失物等横領罪のつもりが窃盗だったという場合には、窃盗罪で処罰されることはない。

練習問題 4

問 83　次の下線部に示された導出について、演繹として正しいならば○、誤っているならば×をつけよ。
　刑法には「人を殺したる者は死刑又は無期若しくは三年以上の懲役に処す」とある。また、その未遂は殺人未遂として罰せられる。ここで「人」とはもちろん「生きている人」のことである。死んでいる人は法的には「人」ではない。それゆえ、まだ生きていると思って死体に対して殺害行為に相当する行為を行なっても、殺人罪にも殺人未遂罪にも問われることはない。

問 84　次の論証の隠れた前提を取り出せ。
　知的活動の本質は規則として表わすことのできないところにある。しかし、コンピュータの動作はけっきょくのところ規則に従ったものでしかない。それゆえ、コンピュータには人間を越えることはできない。

問 85　次に含まれる論証の隠れた前提を取り出せ。
　A「花子のことだけど、やっぱり大学には進学すべきだと思う」
　B「そんなことないでしょ」
　A「じゃ、大学なんか行くべきじゃないっていうわけ？　女だから？」
　B「そんなこと言ってないじゃない」

問 86　次の下線部に示された演繹の隠れた前提を取り出せ。
　人間は本能の壊れた動物である。もちろん性本能も壊れている。人間は基本的に不能なのだ。人類においては性にまつわるいっさいは本能ではなく、それゆえ幻想に基づいており、したがって文化の産物であって、人間の基本的不能を何とかしようとする対策またはその失敗と見ることができる。

問 87　次の下線部に示された演繹の隠れた前提を取り出せ。
　文部省のいじめ実態調査は、1986年度の発表以来、一貫して、子どもたちには直接問わず、学校の教師に対してのみ実施されてきました。しかも、1993年度までは「学校が認定したもの」しかカウントしないという信じられない基準さえ設けてきたのです。したがって、文部省発表のいじめの発生状況は実態とは大きくかけ離れており、ほとんど当てにできるものではないといってもよいでしょう。

問88 次の文章から推測を取り出し、その証拠と仮説をそれぞれ挙げよ。

温州ミカンは皮にすり傷があるかないかで等級が分かれるが、実はすり傷のあるのがよいものなのだ。

このすり傷はどうしてつくかというと、ミカンが木にあったとき、風が吹き、葉がミカンの実をこすってついたものである。このすり傷がつくことは、ミカンが風通しのよい所になっていたということだ。つまり、木の外側になっていたということで、日光もよく当たっていたことになる。日光がよく当たり、しかも風通しのよい所にできた果物は、大体甘味とコクが増す。逆に、風通しが悪いと水分の蒸発が少なく、水っぽい味になる。だから、すり傷のあるものの方がおいしいというわけだ。

さらにミカンはあまり大きい粒は大味で、中位がよい。サイズではMがよいわけだ。そして葉ずれのあるものは、等級が低いから安いということにもなる。値段が高いからおいしいというものではない。きれいでないために値段が安くなっているものは、めっけものだということだ。

問89 次の推測において、他のもっとましな仮説を考えよ。

東京大学の学生（大学院生は除く）の女子の割合は、15,747名中2,790名、17.7％（2000年）である。やっぱり男の方が頭がいいのだ。

問90 次の推測において他の可能な仮説を考えよ。

テレビ番組で暴力シーンを見ることが多い子どもほど暴力行為や万引き、喫煙など、非行・問題行動に走りやすいことが、総務庁の調査結果で明らかになった。このことから、テレビの暴力シーンが子どもに悪影響を与えていると考えられる。

問91 次の推測において他の可能な仮説を考えよ。

幼児を自動車に乗せる場合、子供用のチャイルドシートをつけなくてはいけない。1993年からの5年間に、6歳未満の幼児が乗車中に死亡した事故は、チャイルドシート着用時の死亡者が1人なのに対して、非着用の場合は72人というデータが出ている。このデータから見ても、チャイルドシートの安全性は明らかである。

第 5 章

論証を批判的にとらえる

　まず強調しておかねばならない。「批判する」とは必ずしも「反対する」ということではない。
　ある論証に対してそれを批判するということは、その論証の結論に反対することとは別である。たんに拒否するために批判するのではない。いっそう重要な、強調したい批判のあり方は、理解するために、あるいは受け入れるために為される批判である。それゆえ、結論には共感しつつも、なおその論証に対して「これはおかしい」と声をあげるということが起こる。
　反対することは対立することでもあるだろうが、批判することは対立することではない。それは問題を共有する者たちによって為される共同作業にほかならない。いわば、あえて波風を立たせて、それによって足場を固めるのである。
　この感覚がないと、対立するか馴れ合うかのどちらかしか選べなくなる。自分を批判する相手を、ただ敵対する者としてしかとらえられなくなる。その結果、自分自身に対する批判的まなざしも失われる。
　あえて波風を立てること。しかも、対立する者としてでも、馴れ合う者としてでもなく、第三者的な視点からそれを行なうこと。議論に不整合はないか。説明不足な点はないか。導出に飛躍はないか。根拠は確からしいか。全体の説得力はどのくらいか。そうしたことをチェックしていく。
　そのための基本的技術はこれまで練習してきた。いよいよ、最後の章である。

5.1 質問のトレーニング

批判することに慣れていない人が、これから批判の力を鍛えようとするには質問から入るのがよい。いきなり批判するよりも質問することの方が、多くの人にとって心理的に気が楽だろう。しかも質問は批判のための強力な武器であり、どれほど上級者になっても手放せない技術である。さらに、初歩的な質問から、相手の議論をひっくり返す力を秘めた質問まで、奥の深い技術でもある。

とはいえ、質問でさえ、心理的ハードルが高いという人もいる。恥ずかしいと感じるのだろう。恥を忘れろとは言わない。質問することは恥ずかしくないのである。正確に言えば、おおむね、恥ずかしくないのである。

勇気をもってもらうため、多少誇張して言おう。どんな質問でもいい。単純に語句の説明を求めるものでもよい。それを知らなかったあなたが悪いのではない。あなたに理解されるような言葉を選ばなかった相手が鈍感なのである。

というのはもちろん誇張だが、そのくらいのつもりでよい。私としては、「無知は恥ずべきことではない」とまで言いたいのだが、その意見を押しつけるのはよそう。むしろ、無知から生じるのではない質問があるということを分かってもらいたい。相手の説明不足、議論の弱さを的確につかんだ質問、そのような質問を適切に発し、それによってより深い理解や批判へと進むことができたならば、もう質問は恥ずかしいなどという通俗の感想は抱かなくなるだろう。

実際、これから問題に出す文章は、さらっと読んだのではとくに質問など生じないと思われるものである。だから、この問題でしっかり核心をつかんだ質問が出せたならば、恥ずかしがるどころか、胸をはってよい。ちょっと長いが、慎重に読んでみよう。

問 92 次の文章を読み、的確な質問を提起せよ。

かつて割烹着(かっぽうぎ)は主婦の制服だった。家の中ではほぼ終日、主婦は割烹着を着たまますごした。また、電車に乗るほどの距離でなければ、割烹着を着たまま出歩くのは恥ずかしいことではなかった。私の母も割烹着のことを「かっぽまいかけ」と呼んで愛用していた。

その割烹着を、最近、見かけない。

なぜか。

すぐにも考えつく理由はふたつある。

まず、家庭着としての和服がすたれたことだ。割烹着は、そもそも和服の上に着る作業衣としてデザインされた。だから、和服が洋服におされ、普段着としての役割を失うのに従って、その上っ張りである割烹着の出番も、また少なくなったのではないか。

台所の暖房設備が充実してきたことも、割烹着を見かけなくなったことに関係あるはずだ。割烹着は発案当初から、汚れ防止とともに、防寒の役割を持っていた。その防寒機能も、台所の床が板の間からリノリウムへ変わり、瞬間湯沸器が普及し、冷暖設備が整って、台所に暖房器具が持ち込み可能になることによって不要のものとなっただろう。

さて、それだけか。

母があまり割烹着を着なくなったのは昭和40年代の初めだ。40年代初頭は、戦後まもなく普及したガスレンジ、流し台、流し台下キャビネットの三点セットに代わって、ヨーロッパで開発されたシステムキッチンが日本に上陸した時期である。厨房での作業が来客から見えるオープン型のキッチンやダイニングキッチンが流行しはじめたのも同時期。こういった厨房の新様式は台所仕事の意義を変貌させずにはおかなかった。

かつての台所は裏方の作業所だった。そして割烹着はそんな裏方としての主婦に愛された作業衣だったのだ。だが、システムキッチンやダイニングキッチンは、その裏方を、家族や来客の前にひっぱりだした。結果、台所仕事の目的は、より華やかな主婦のパフォーマンスへと移り、台所は薄暗い作業場から陽の当たる舞台へと変身した。

割烹着を着て仕事をしているとき、ふいの来客があると、母は小走りに玄関へむかいながらうしろに手を回し、せわしなく指を動かして背中の紐を解いたものだ。来客の前に主婦が割烹着を着たままで顔を出すのは、行儀のよいことではなかった。

だから、ダイニングキッチンが普及しはじめ、他人の目が不断に台所へ入り込むようになったとき、母は渋々ながら愛用の「かっぽまいかけ」をはずし、もっと体裁のよいサロンエプロンにつけ変えたのではないか。

おそらく、まったく反感をもつことのない文章である。なるほどなあ、と感心してしまう。だから、アラ探しをする気にもなれない。言葉づかいも平易であり、とくにつっかかるところもない。

むしろこういうときが批判の眼力を鍛えるチャンスなのである。批判と反感が抱き合わせになっているかぎり、的確な批判の力は養えない。好意的な批判のまなざしが要求される。

「割烹着ってどんなの？」と尋ねたくなる人もいるだろう。堂々たる質問である。なにしろもう見なくなって久しいのだから。問題文では省略してしまったが、原文はそのことをまず説明してある。「上下二か所に結び紐がついたうしろあきから、大きな袖に手を通す。ゴムが入ってすぼまった袖口を、二の腕が八分がた露出するまでたくしあげ、背中の紐を首のうしろと、ウエストの数センチ上とで結ぶ。」「生地は白無地の木綿が多く、襟ぐりは四角か楕円。胸元にレースの飾りやシャーリングがほどこされていることもあった。丈は膝下まで。着終わると上半身は生地にすっぽりと包まれ、あたたかい。」

私としてはこの説明中「シャーリング」が分からない。しかしまあそれは辞書でも引けばよい。引くと、「ギャザーをよせたもの」とあって、こんどは「ギャザー」がよく分からない。まあ、いい。

それから、私自身は著者よりも少し年上だが、割烹着を着た覚えがない。男女差というよりは記憶力の差だと思うが、給食当番のときに、さて着たような気もするが、覚えていない。そこで、「ほんとにそんなにあったかいのですか？」と質問してみたくもなる。問題文中、暖房との関連はそんなに強くないのでは、という感じもする。

それと、いくら昭和40年代といっても、うちの母親が台所で「華やかなパフォーマンス」をしていたという感じはまったくない。冷静に読みなおすと、ここは少しおおげさなのではないかとも思う。

しかし、こうしたことよりも、何かもっと、「あれ？」と思うことはないだろうか。強く言えばこの文章には不整合がある。一見すると二つの箇所の叙述が矛盾して見えるのである。

さて、どこと、どこだろう。

気がつかなかった人は、もう一度読みなおしである。それまで解答を見るのは控えていただきたい。

5.1 質問のトレーニング

問 92 の解答 問題文の冒頭で「電車に乗るほどの距離でもなければ、割烹着を着たまま出歩くのは恥ずかしいことではなかった」とある。このことは、終わりに書かれてある「来客の前に主婦が割烹着を着たままで顔を出すのは、行儀のよいことではなかった」ということとどう整合するのか。とくに、台所が人目にさらされるようになったことが裏方の作業衣としての割烹着の衰退をまねいたと論じているが、いくら人目にさらされるようになったといっても、買物に行くときほどのことはないし、おおむねそれは家族である。とすれば、買物に行くのに恥ずかしくなかった割烹着が台所が人目にさらされるようになったという理由で消えていくことはないのではないか。

　この質問はなかなか強力であり、批判に近いものとなっている。しかし、より慎重に読むことによって、この質問への応答の鍵を文章中に見出すことができるのではないだろうか。
　割烹着は見られて恥ずかしい衣服ではなかった。だから、買物ぐらいならばその格好でほいほい出かけたのである。問題は、それゆえ、台所が人目にさらされるようになったというところにはない。むしろ、見られる視線の質の変化にある。
　鍵は問題文中にもある「裏」という言葉である。ここには、「見られる-見られない」という対比ではなく、「裏-表」という対比がある。買物はあくまでも裏の作業であり、接客は表の作業である。そして、割烹着は裏方の衣服であった。このような裏と表の使い分けが割烹着を支えていたのではないだろうか。そして、台所の変化に象徴される生活の様式の変化は、この裏と表の差異を消していったのである。台所がダイニングから見えるか見えないかが問題なのではなく、台所が裏でダイニングが表という感覚が失われていった。だから、裏専門であった割烹着が消え、裏も表もないエプロンがそれに代わった。生活や家から「陰」が失われたために、割烹着も姿を消していったのである。

　疑問をもつことによって理解が深まる。それはときに、質問された相手も気づいていなかったようなところへ議論を深めてくれる。そのような質問こそ、ここでめざす質問にほかならない。まさに、発言する人と聞き手との共同作業なのである。

> **問93** 次の文章を読み、的確な質問を提起せよ。
>   子どもの作文のためのマニュアル本はたくさん出されています。ところが、作文ほどマニュアルのないもの、マニュアルとは相いれないものもないはずです。マニュアル通り書かれた作文なんて普通の人間なら気持ちが悪くて読む気も起こらないでしょう。なぜなら、それらは、ともすれば現在の大人の価値観で評価されることを目的にして書かれているからです。あるいは、考えることよりも、表現することを重視しているからです。そこから出てくる子どもらしさを装った作文、あるいは、既に大人の評価にへつらうことを知った「うけねらい」の作文なんて見るだけで気分が悪くなります。

 これも、一読して「そうだろうな」と思わせる文章である。難しい言葉もない。しかし、「おや？」と感じる箇所がある。対話のかたちで問題を探ってみることにしよう。

「この『なぜなら』がちょっと変な感じしない？」
「どうして？　『マニュアル通りに書かれた作文は気持ち悪い。なぜなら、それらは大人の価値観で評価されることを目的として書かれているからだ』っていうんでしょう。優等生的な作文なんか嫌じゃない」
「『現在の大人の価値観』っていうのは、そういう『よい子』とか『優等生』を求めるものなわけ？」
「そうだと思うけど」
「でも、『優等生的に書いちゃだめだ』っていうマニュアルだってありうるでしょう。子ども向けの作文マニュアルって見たことないけど、『自分の感じをだいじにしましょう』とかも書いてあるんじゃないかな。よくできたマニュアルならいいのか、それとも、どんなのでもマニュアルは全部だめなのか。どっちだろう」
「作文ほどマニュアルのないものはないと言ってるんだから、どんなマニュアルでもだめなんでしょう」
「そうすると、よい子の作文だからだめってわけでもないんだよね」

5.1 質問のトレーニング

「そうかもしれないわね」

ちなみに、原文はこの後こう続いている。

> マニュアル化されたとたん、子どもらしいきらきらとしたむき出しの感受性とか、作文の持つ新しい意味生成の要素、そして現在の大人の価値基準を相対化してしまう新鮮な視点などはどこかに吹っ飛んでいきます。

「この、『子どもらしいきらきらしたむき出しの感受性』っていうのも、現在の大人の価値基準でしかないでしょう。そうすると、器用な子はそれも承知した上で〈きらきらしたむき出しの感受性〉を作文に発揮しようと努力しはじめるだろうね」
「やな感じ」
「そのくらいやるさ。したたかだもの」
「著者はそれも気持ち悪いって言うんでしょうね」
「だろうね。子どもが、『これって子どもらしいきらきらしたむき出しの感じだぞ』なんて自覚して作文すると『うけねらい』ってことで拒否されちゃう。例えばさ、ぼくがすばらしいと思う子どもの作文を集めて、それを子どもに読ませて、『先生はこういうのがいい作文だと思う。君たちもこういうのを書こう』なんて指導したとする。この著者に言わせれば、それもだめなんじゃないかな」
「じゃ、どうすればいいの？ 好きかってに書いた無自覚な作文がいちばんいいってこと？」
「なんか、変だね」

というわけで、だんだん分からなくなってくる。
最初にさらっと読むと、「よい子の作文」を気持ち悪いと言っているように読める。しかし、そのつもりできちんと読もうとすると、どうもちぐはぐになってくるのである。よく分からなくなってくる。
より深く理解するためにはいったん分からなくならなければならない。こんがらがったところで、もう一度、問題文を読みなおしてほしい。

第5章　論証を批判的にとらえる

おそらく、著者のうちに「現在の大人の価値観」に対する反感が混在しており、それがこの文章を不明確なものにしているのである。実は、言いたいことはそんなところにはない。どんなに共感できる価値観でも、どんなによくできたマニュアルでも、だめなのである。この、より深いレベルを著者からさらに引き出すには、どのように質問すればよいだろうか。

もっとも単純には、「マニュアル通りに書かれた作文は気持ち悪いと言われますが、その理由をもう少し説明してもらえませんか」と聞いてもよいだろう。あるいは、「マニュアル通りに書くということと、大人の価値観で評価されるために書くということのつながりをもう少し説明してください」と尋ねてもよい。これでも解答としては十分であるが、もう少し踏み込んで質問してみよう。

問93の解答　次のようなやりとりが考えられる。
「マニュアル通りに書くのがだめだというのは、そのマニュアルにこめられている大人の価値観が愚かしいものだからなのですか、それとも、そもそもどんなマニュアルでもだめなのですか」
そして、「どんなマニュアルでもだめ」と答えを引き出した上で、さらにこう尋ねる。
「そこのところがまだよく分からないんです。どうしてどんなマニュアルでもだめなのか。もう少し説明してくれませんか」
それに対して、「だってマニュアルは大人が作るものでしょう。大人の評価を求めて書かれた作文じゃあ、だめなんですよ」のように答えられたとしよう。そこで、さらにこう質問する。
「でも、子どもがいい作文を書こうとしたら、それはどうしたって大人の評価を求めることになるのではないですか」

この質問に対して、著者はどう答えるのだろうか。
問題文のしばらく後まで原文を読み進んでいくと、それに対するひとつの答えが書かれてある。

「うまい作文という幻想から自由になるべきです」

つまり、「いい作文」とか「だめな作文」という評価とは違うところで作文指導をすべきだ、というのである。

作文とは、考えることだ。そして考えるとは自由に考えることだ。だとすれば、自由を評価することはできない。より自由に考えた子どもを「よい」とほめたとたんに、それはその子どもから自由を奪いとってしまうことになる。だから、なんであれ、善し悪しの基準を明確に示すような作文指導はしてはいけないのである。これが、著者の見解にほかならない。

まことに、教育というのは難しい、というのは私の意見である。

そしてまた、質問することもなかなか難しい。だから、質問することは自慢できこそすれ、けっして恥ずかしいことなどではない。分かっていただけただろうか。

5.2　立論・異論・批判

相手からさらに説明が引き出せると思ったら質問することになるが、相手の議論がまちがっていると判断したならばネチネチ質問するのではなく（そういう戦法もないではないが）、批判をすることになる。

本章の冒頭にも述べたが、この「批判」ということが苦手な人がけっこういる。対立するか馴れ合うか、どちらかしかできず、共同作業として批判するということにうまくなじめないのである。その結果、批判することと対立することとがゴチャゴチャになってしまう。

そこで、批判するということをより明確に取り出すために、「立論」「異論」「批判」という三つの用語を導入し、その意味を区別することにしよう。まず、なんであれなんらかの結論を導くような論証を「**立論**」と呼ぶ。そして、二つの立論AとBが相反する意見を結論としてもつ場合、お互いに「**異論**」の関係にあると言おう。その結論が相容れない対立するものであるならば、そのとき立論Aは立論Bに対して異論を提出するものであり、逆に立論Bは立論Aに対して異論となっている。そして異論とはっきり区別してほしいのが「**批判**」である。

例えば立論Aを批判するとは、立論Aの議論のあり方について検討し、その不備を指摘することにほかならない。批判は、対立する結論を支持することを目標とはしていない。それはもちろん異論の提示につながることもあ

る。しかし、必ずしも異論につながらない批判もある。結論を共有しつつ、ただその論証部分に対して批判するということもある。そして、これがどうも苦手なのだ。逆に、異論を述べればそれが批判になるという誤解も根強い。相手が論証を提示しているのであれば、それをきちんと評価した上で異論を提出しなければならない。しかし、つい批判をすっとばしてただ異論をぶつけてしまうのである。そうして、水掛け論になる。

「批判すなわち対立」という短絡回路ができてしまっている。だから、批判するにもなかなか勇気がいるし、批判を受け入れるにもまた、勇気が必要となる。

異論は対立であるが、批判は対立ではない。くどいようだが、くりかえし強調しておきたい。

立論……あることを主張し、それに対して論証を与えること。
異論……相手の主張と対立するような主張を立論すること。
批判……相手の立論の論証部に対して反論すること。対立する主張までは出していない。

実際に問題をやってみよう。「批判として不適切である点を指摘せよ」という形式の問題を出すが、趣旨は、異論と批判を区別することにある。相手の主張に対立する意見を述べていれば批判になるという気分を完全に取り去っていただきたい。

問94 立論Aに対してBが批判として不適切である点を指摘せよ。

立論A「社会人になるまでに日本人全員が実用英語を使いこなせるようにしなければいけない。その背景のひとつは、情報技術(IT)革命の爆発的な進行である。国際的にインターネットを利用するには英語が不可欠になっており、英語ができないということは、国際的な情報社会における孤立を意味している。それゆえ、日本の経済が衰退しないためには、日常的な英語の使用が必要なのである。例えば、英語を公用語としたシンガポー

5.2 立論・異論・批判

ルの経済発展がそのことを例証している。したがって、日本もまた、英語を第二公用語とする方向に向かわなければならない」

批判B「英語第二公用語論は、いわば英語帝国主義への屈伏にほかならない。言語はたんなる情報伝達の手段ではない。それは文化であり、日本人がもつ日本人としてのアイデンティティに関わっている。日本語には、日本人にしかない感じ方、ものの見方、世界観が織り込まれているのである。グローバリズムという名の一元主義ではなく、各々の文化と伝統がそれぞれのあり方を見せていく多元主義こそがめざされなければならない。そしてその文化固有の言語こそ、もっとも重要な守りぬかれるべき財産なのである。日本人にとって、英語はけっして日本語と対等のものたりえないし、そのようなことをめざすべきでもない」

意見の対立は明確である。しかし、議論はまったく嚙み合っていない。Aは最初の立論であるから、自分の言いたいことを言うのは当然であるが、Bもまた、たんに自分の言いたいことを言ったというにすぎない。

立論Aを批判するならば、どういう点を問題にしなければならないだろうか。まず立論Aの論証の構造を取り出しておこう。

(1)英語ができないことは国際的な情報社会における孤立をまねく。
(2)シンガポールは英語を公用語とすることによって経済発展を遂げた。
それゆえ
(3)日常的に英語を使いこなせなければ日本経済は衰退する。
したがって
(4)英語を第二公用語とすべきである。

論証の構造は、二つの根拠から二回導出を行なうことによって結論(4)を得るものであるから、形式的に言って検討すべき箇所は四箇所ある。二つの根拠は正しいのだろうか。そして、そこからの導出は適切なのだろうか。こうした点を問わねばならない。

根拠(1)はある程度正しいとしよう。(2)はどうだろうか。シンガポールが英

語を公用語とし、また、経済発展も遂げたというのはその通りであるが、その因果関係はどれほど強いのか。(シンガポールの「日常的な英語」は「シングリッシュ」と揶揄される独特のもので、国際語と認められるかどうかは怪しいとも言われている。)

(1)と(2)から(3)への導出はどうだろうか。英語が使いこなせないことにより国際的な情報社会で孤立するというのが正しいとして、それは経済の衰退を招くようなものなのか。あるいは、シンガポールが英語を公用語とすることによって経済発展を遂げたことが正しいとして、それは日本にもあてはまることなのだろうか。

そうしたチェックポイントの中で、もっとも目につくのは(1)〜(3)から(4)への導出だろう。(1)〜(3)が正しいとしても、そこから「日本人全員が英語を日常的に使いこなせるようにすべき」ということは出てこないと思われる。経済的発展のためというのが理由であるならば、それに関わる人だけが英語を鍛えればよいのではないか。いわんや、「公用語化」する必要はないのではないか。

Bはこうした検討をまったく無視している。それゆえ、それは批判なき異論となっている。その結果、Aが「経済が衰退する」と主張し、Bが「アイデンティティが失われる」と主張し、いずれもゆずらず水掛け論になってしまうだろう。

問94の解答　Aは経済の衰退を理由に英語を第二公用語とすることを主張している。それに対して、Bは英語を公用語にしないことによって本当に経済が衰退するのか、それは耐えがたい打撃なのかといったことには触れず、アイデンティティの喪失ということを理由に英語の公用語化に反対する。これは立論Aの論証にまったく触れておらず、それゆえ異論にはなっていても批判にはなっていない。

5.3　批判のトレーニング

異論ではなく批判を提起すること、これがなによりも強調したいポイントである。そしてさらに、たんに目についたところを手当たりしだいに批判するのではなく、相手の論証の構造をきちんと押さえながら、チェックすべき点をたんねんに見ていかねばならない。

5.3 批判のトレーニング

問 95 次の立論Aに対して批判せよ。

まず、内館牧子氏が横綱審議委員会の委員に決まったときの発言から引用する。「女性が土俵に上がることは大反対。大相撲は単なる西欧型の競技スポーツではなく、伝統文化の側面もある。文化の範囲には男女平等の原則を用いる必要はない」。問題は、これを受けた朝日新聞のコラムである。次のように論じられる。

［立論A］

二十一世紀末の大相撲の様相を想像してみよう。順位表（番付）には東西がなく、50位までが第一部（幕内）に属する。ステージ（場所）ごとに優勝者がチャンピオン（横綱）の座に就く仕組みである。

さて、大阪ステージの最終日、優勝をかけた対戦だ。赤コーナーからチャンピオン、青コーナーから第2位（大関）の力士がリングに立つ。

チャンピオンは紫色のトランクスと革ベルトで、長髪も同色である。対戦者は黄と黒のトラじまトランクスにスキンヘッドだ。

審判（行司）が小旗（軍配）を上げると、チャンピオンが一気に突き倒した。優勝者には、リングに上がった女性知事がチャンピオンベルトを手渡す。

——相撲は神事としての伝統を持つ。「古事記」や「日本書紀」にも記述がある。横綱昇進の条件に品格が問われるのも、その流れをくむからだ。歌舞伎や宝塚について、男女平等を持ち出す人はいない。文化の面に平等を及ぼすのは、内館牧子さんの指摘通り無理がある。

コラムの部分は原文をそのまま引用したので、いったい何が立論されているのかいささか不明であるかもしれない。問題は大阪に誕生した女性知事が大阪場所で土俵に上がることを拒否されたということの是非である。1990年には女性の文部大臣が内閣総理大臣杯を土俵上で授与しようとして拒否された。土俵は女人禁制なのである。そこで、横綱審議委員会に初めて起用された女性である内館氏の発言が注目されたわけだが、彼女もまた、「男の世界」を墨守しようとした。そして朝日新聞が何を考えたかこのようなおちゃらけた論評を出したのである。私は一読してあきれかえってしまい「論理ト

レーニング・ファイル」に加えておいたのだが、ここまですごいと問題としてはかえって解答しにくいかもしれない。冗談を批判することは難しい。
　ともあれ、立論を補って再構成してみよう。

　　(1)相撲の伝統文化としての性格を無視すると、とんでもない状況が予想される。
　　だから
　　(2)相撲の伝統文化としての性格を無視してはいけない。
　　しかも
　　(3)相撲は神事としての伝統をもつ。
　　それゆえ
　　(4)相撲を男女平等にするのは無理がある。
　　したがって
　　(5)女性知事は土俵に上がるべきではない。

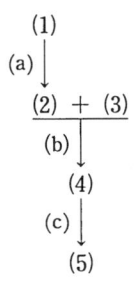

```
         (1)
     (a) │
         ↓
      (2) ＋ (3)
         (b)│
            ↓
           (4)
         (c)│
            ↓
           (5)
```

　すると、チェックポイントは五つである。
　(3)「相撲は神事としての伝統をもつ」というところはよしとしよう。ただし、その後の「横綱昇進の条件に品格が問われるのも、その流れをくむからだ」という箇所は論証には関係がない。
　導出(a)は許容される導出ではあろうが、批判してもよい。ここで描写されたような相撲こそ望ましいという意見もあるかもしれない。そのときには、積極的に伝統文化からの脱却が提言されることになる。
　どう見てもおかしいのは根拠(1)、導出(b)、導出(c)である。解答としてはその点を批判することにしよう。

5.3 批判のトレーニング

問 95 の解答　ここで描写される奇妙な相撲は、伝統文化としての性格を無視するとこうなってしまうと言いたいのだろうが、誇張がひどすぎて説得力がない。伝統文化でないスポーツでも、必ずしもこのようにはなっていない。とくに、力士が黒のトラじまトランクスにスキンヘッドであることと女性知事がチャンピオンベルトを手渡すことはまったく同列にはならない。両者は無関係である。

また、相撲が伝統文化であり、神事に由来をもつとしても、そのことから男女不平等を結論するにはまだずいぶん飛躍がある。伝統文化だから保守的であらねばならないという理由が示されていない。伝統文化もまた、かつてのその時代の同時代的な文化であった。とすれば、それは時代によって変化していくべきものとも考えられるだろう。

さらに、土俵上で相撲をとる者たちとして女性が許されないとしても、そのことは女性が優勝杯を手渡してはいけない理由にはならない。宝塚の舞台で男性がまじって演技することは許されない（許したくない）だろうが、最後に舞台上で男性が花束を渡すことまで許されないかどうかは別問題である。

問 96　次の立論に対して批判せよ。

時代の節目のご卒業、心から「おめでとう」を申し上げます。歴史と伝統を誇る開成高校を卒業されるのですから、開成人として恥ずかしくない成長を遂げていって欲しいと思います。

現在は試行錯誤の時代ですが、世界は全く新しい文明の構築に向けて動き始めているのですから、その中心になって活躍なさるであろう皆さんは、その未来に、限りなく多くの夢を描いて行ける立場にあります。

過去にしがみついてはなりません。しがみつこうと思えば、変化の前夜に、皆さんが手にするものは、閉塞感と絶望しかありません。皆さんは変化を創り出す資質を備えておられるのですから、変化を恐れてはなりません。むしろ変化の原動力になって欲しいと思います。

未来に希望がもてず、世紀末的思考に陥るのは、きたるべき世界についてのイマジネーションの欠乏によるもので、知性の欠如によります。

最後にふさわしく校長による卒業生への訓示を取り上げさせていただこう。祝辞ないし訓示としては穏当なものなのだろう。「立論」として取り上げることの方が、いささか不作法かもしれない。とはいえ、論証として見るならば、けっこう穴があるのである。前問が見るからにおかしい論証であったのに対して、これはなるほどもっともらしい。こういうもっともらしいものほど、目を光らせて検討しなければいけない。

ちなみに、本問は私が大学で行なっている論理トレーニングの授業の夏休みの課題に対する学生のレポートに基づいている。論理トレーニングで鍛えられた学生が増えてくると、教師もうかうかしていられない、ということかもしれない。

問題文は、訓示であるにもかかわらず、「ですから」を多用している。この短い文章の中に三つもある。一番目の「ですから」は、まあまり問題にしないとして、あとの「ですから」は気になる。実際、これを素材にしたレポートを提出した学生（K君）もそれを問題にしていた。

まずK君の答えの一部を紹介してみよう。

　　世界が「新しい文明」を持とうとしていることと、その新しい文明に「夢」が描けることは別の問題である。「新しい文明の構築に動きはじめている→われわれは未来に対して夢が描ける」が成り立つのなら、その対偶をとって、「われわれは未来に対して夢が描けない→新しい文明の構築ははじまらない」が成り立つことになる。しかし、われわれが未来に絶望的であったからといって、新たな文明が起きないとは言い切れないだろう。

実に、この答えそのものが興味深い。

まず対偶のとり方がまちがっている。「新しい文明の構築に動きはじめているならば、われわれは未来に夢が描ける」の対偶は、「われわれが未来に夢が描けない状態にいるのならば、それはつまり新しい文明の構築が動きはじめていないということである」となる。これは微妙なところで、分かりにくいかもしれない。別の例で説明してみよう。例えば、「お母さんがご飯のしたくをはじめると、太郎はうれしくてそわそわする」という文の対偶は、「太郎がうれしくてそわそわしていないのならば、お母さんはご飯のしたく

をまだはじめていないということだ」というものになる。これに対して、K君のように、「太郎がそわそわしていないからといって、お母さんがご飯のしたくをはじめないとは言い切れない」と反論することはできない。ご飯のしたくをはじめるとそわそわするのだから、そわそわしていないということはまだご飯のしたくをはじめていないということである。この点は、対偶を考えるときに実にまちがえやすいところであり、教師はきちんと教えておかねばならなかった。

　また、K君は校長の論証を正確にとらえていない。君たちが未来に夢を描けるとする論拠は、ただ世界が新しい文明の構築へと動きはじめているからだけではない。君たちがそこにおいて「中心になって活躍なさるであろう」からである。つまり、その夢とは、新しい文明を享受するという夢ではなく、新しい文明を自分たちが作っていくという夢にほかならない。

　もちろん、K君の言うように、新しいものが開けるということと希望をもってそれを迎えるということは、まったく別問題である。それは新しいが、いっそう愚劣でいっそう絶望的な文明であるかもしれない。

　しかし、校長は「君たちが作るのだから」とおっしゃっているのである。「新しい文明へと動きはじめている。そしてそれは君たちが作るのだ。だから、よりよいものを築いていくことができるだろう」というわけである。卒業生を送る言葉らしく、とても、楽観的である。

　K君が次に取り上げたのは、「変化を創り出す資質を備えておられるのですから、変化を恐れてはなりません」という部分である。ここは明らかに批判的検討の対象になる。なかなか不思議な「ですから」である。

　例えば、「わが国は原爆を作る能力をもっているのだから、原爆を恐れてはならない」と言われたら、むちゃくちゃだと感じるだろう。あるいは「皆さんは人を殺す力を備えておられるのですから、人殺しを恐れてはなりません」と言われたら、バカを言うなと思うだろう。「××を創り出す資質を備えている」ということと「その××を恐れてはならない」ということの間にはつながりはないと言うべきである。

　さらにK君は、「未来に希望がもてないのはイマジネーションの欠乏によるもので、知性の欠如による」という箇所も問題にしていた。イマジネーションが豊かであれば、その分いっそう未来に絶望するかもしれない。総じて、この校長先生の立論には未来への楽観論が前提として隠れており、現代

ではその楽観こそが根拠を求められるものであるにもかかわらず、そこのところはまったく無根拠なのである。

K君のレポートでは、続けてこの箇所について、イマジネーションが豊かであることと知性があることを単純に結びつけているが、それは短絡であるという指摘も為されていた。なるほど、そうかもしれない。

問96の解答 (1)世界が全く新しい文明へと動きはじめているとして、また、ある人たちがその中心になって活躍できるとして、だからといってその人たちが未来に限りなく多くの夢を描けるとはかぎらないだろう。新しい文明は制御できない力によっていっそう絶望的なものへと展開していくかもしれず、その中心にいる者たちはたんにそれに振り回されるだけかもしれない。それでも「夢を描ける」と言えるためには、新しく築かれていくだろう未来に対してある程度の見通しをさらに根拠として与える必要がある。

(2)「変化を創り出す資質を備えているのだから変化を恐れてはいけない」という導出には飛躍がある。一般に、何かを創り出す力があることとそれを恐れてはいけないこととは無関係である。それゆえ、ここではさらに根拠をあげて説明しなければならない。

(3)全体に、未来と新しい文明に対する強い楽観論が前提となっており、その楽観の根拠を示さなければ論証に説得力を与えることはできない。

揚げ足をとりやがって、と思われるだろうか。確かにそういう面はある。そこで、私が授業で機会あるごとに学生に言っていることを、最後に述べておきたい。

論理トレーニングの成果は、親、兄弟、友人、恋人、そしてとりわけ配偶者に対して無分別に発揮してはいけない。(1)初心者がうかつに論理的分析力を発揮して批判すると、(2)少なくとも現在の日本社会においては、人間関係を損ねるおそれがある。刃を研ぎ澄まし、懐中に忍ばせておく。そして、ここぞというときに抜くのである。どういうときが「ここぞ」なのか。残念ながら、本書はそこまでめんどうを見ることはできない。読者諸氏のご自愛を願ってやまない。

練習問題5

問97 次の文章を読み、的確な質問を提起せよ。

今の日本人は、なぜ他人を叱ることができないのでしょうか。

おそらく、今の日本人は、自分が道徳的でなければ他人を叱ることができないと思っている人が多いのでしょう。自分の身をふりかえれば、どんな人でも完璧に道徳的だという人は少ないでしょうから、勢い他人を叱る人は少なくなってしまう。

すなわち今の日本人は道徳的なのです。かつての日本人はこれほど道徳的ではなかったのではないでしょうか。むしろ、道徳的というよりは道徳志向的な人が多かったのではあるまいか。自分は昼間から仕事もしないでのんだくれてばかりいるのに、近所のがきどもが騒ぐと、「おめえら勉強しねえと偉くなれねえぞ！」などと叱り飛ばす、そういう人物が昔はいたものでした。がきどもは「うるせいやい！　そういうおじさんは偉いのかよ！」などと悪態をつきながら、でもそのおじさんのいっていることはよくわかるし、おじさんののんだくれた姿が妙に説得力を持って迫ってくる。

ところが今では叱られる方の「人権」というものが発達していますから、叱る方はすべての点で叱られる人より優れていなくてはならない。

とすれば、誰でも脛に傷を持っているし、実力的にも道徳的にも完璧な人なんかはめったにいないので、「叱る」という行為自体がほとんど実行不可能な行為になってしまったのです。

問98 次の文章を読み、的確な質問を提起せよ。

子どもにとって親というのは、自分の殺生権を握る者です。子どもは生き残るために必死ですから、親がどんな人間であれ、親のことを好きになろうとします。

たとえば、親に暴力をふるわれたとしても、その事実を必死で忘れようとしたり、逆に親から少しでもいいことをされたら、それを百倍も過大に評価しようとしたりするのです。記憶すら改竄してなんとか親に感謝し、親を尊敬しようとするのです。そしてなんとか親を好きになろうとするのです。完璧に自己欺瞞の世界ですが、これが子どもという弱者にとって一番確実な生

き残り方法なのです。

　困ったことに、その気持ちは成長しても、たとえ親から経済的に独立して一人暮らしをしたとしても、続きます。その結果、父親に暴力をふるわれて育った娘は、無意識のうちに暴力をふるう男性を求めてしまうようになります。もちろん、意識の上ではもう暴力をふるうような人は避けたいと思っています。それゆえに、お見合いなどではやさしい人を選ぼうとします。おとなしそうで、この人なら絶対暴力などふるわないだろうと確信できる人と結婚しようとします。

　しかし、娘に決意させるのは意識の方ではなく、無意識の方です。理性ではなく感情の方です。よくよく考えたつもりが、結果は父親と同じような心の弱い男性を選んでしまうのです。

　しかも、不思議なことに、夫に暴力をふるわれていても妻は逃げ出しません。なぜでしょうか。弱い男を自分が保護していることで、自分の居場所を確保したように感じるからなのです。「私がいないとこの人は生きていけない」という、必要とされる自分を認識する。「この人は私を必要としている」という快感と安心感が得られるのです。我慢強いのではなく、ちゃんと利益があるのです。だから何度暴力を受けても、最後はいつも夫の元に戻ってしまうのです。

問99　立論Aに対してBが批判として不適切である点を指摘せよ。

立論A「現在の小・中学校および高校の教育は、受験本位の詰め込み教育に堕している。そして、過度の受験競争が子どもたちの心理状況を追いつめられたものにしてしまっている。今の子どもたちには時間のゆとりも心のゆとりもない。それゆえ、知育偏重の教育から豊かな心を育てる教育へと変えていかねばならない。また、知識ばかりを詰め込まれて考える力が育っていない。それゆえ、生徒が自由に課題をみつける総合学習を導入したり、教科の選択の余地を広げたり、また学習内容をより厳選するといった『ゆとり教育』への方向転換が必要なのである。」

批判B「『ゆとり』といって土曜を休みにしたりして授業時間を減らしても、子どもはその分塾に通ったりするだけで、ゆとりの実現にはならない。たんに教師の勤務時間を減らしたというにすぎない。実際のところ、その導

入における文部省の思惑は別のところにあった。つまり、他の事務系統がみな週休二日制になったのに対して、国公立小中学校の先生だけは一日多い。それでは不公平であり、人もこなくなってしまう。だから、学校も土曜日を休みにする。しかしその結果、総合学習の内容を教師自らが開発しなければならない等、教師の負担はけっして減ってはいない。むしろ文部省のやるべきことは教員を増やして、給料をよくすることの方にある。」

問100 次の立論に対して批判せよ。
　あなたたちは新空港の工事に反対していた。その反対運動にも関わらずいまや新空港は完成したわけだが、あなたたちはそれに反対していたのであるから、この新空港を利用すべきではない。

問101 次の立論に対して批判せよ。
　スポーツ選手が競技成績を上げるために薬物を用いて競技能力を高める、すなわちドーピングが本格化するのは第二次世界大戦後からである。当初はコカイン、カフェイン、エフェドリン、アンフェタミンなどの興奮剤やヘロイン、モルヒネといった麻薬系薬物が主流だったが、現在では直接競技能力を高める筋肉増強剤の蛋白同化ステロイドがその主座を占めている。
　薬物ドーピングが禁止されねばならない理由の第一は、その副作用にある。とくに筋肉増強剤の副作用は肝臓障害、高血圧、動脈硬化などの重大なものが多く、死と隣り合わせのものが多い。また、筋肉増強剤の使用は攻撃性や敵対心を増大させ、人格を変容させてしまう。
　第二に、薬物ドーピングはスポーツの理念に反する。スポーツは人間が自分自身の能力を最大限に発揮することを求める。それゆえ、かりに薬物に訴えて世界記録を出したとしても、それは無価値である。
　そして第三に、競技スポーツは公平でなければならない。トレーニングによって鍛えた身体をもつ走者とステロイド剤によって作り上げた筋肉をもつ走者が競争し、ドーピングした選手が勝利したとしても、それは公正な勝利とはみなせない。ドーピングは試合の公平さを破壊する不正行為にほかならない。

練習問題の解説と解答

練習問題1

問21　(a)前後を比較してみよう。「読み手の立場に立って書くということはよく言われる（あたりまえのこと）」―「そういうあたりまえのことができるのは、読者層についてのイメージがあらかじめあるから」、ここでは主張の方向が転換している。

　また、「読者のイメージをもつ」というのが主張の本筋であり、副次的な補足ではない。それゆえ、「ただし」ではなく、「しかし」を選ぶ。

　(b)直前の「もちろん――」という文を受けて譲歩の構文を作っている。「もちろん読者層は文章によって違う。しかし、漠然とであれ読み手の姿が見えてこないとだめ」、というわけである。

　(a)(b)ともに「しかし」でも「だが」でもよい。同じ接続詞を続けるか異ならせるかは文体の趣味の問題。解答は一例。

　　解答　(a)しかし(b)しかし

問22　主張の流れを押さえていこう。
　　(1)オーストラリアには古典的な虫がいる。
　　(2)ゴキブリは代表的な古い昆虫である。
　　☐
　　(3)オーストラリアにはゴキブリの種類が多い。

このようになっている。さて、空欄には何が入るだろう。このように整理すると、ここに論証の構造が見えてくるのではないだろうか。いわゆる三段論法というやつである。

　　解答　したがって（「だから」や「それゆえ」でもよい。）

問23　問題の空欄の前に、「カクテルパーティ効果」という言葉があり、空欄の後でその内容を敷衍し解説している。

解答　すなわち

問24　(a)「昔の大人用オムツがテント生地のブルマーのようなものに布オムツをつめこんだものだった」という主張と「フリーサイズだった」という主張の関係は何か。両方とも、「昔はこんなにひどかった」という方向の主張であり、同方向。また、内容的に、解説や理由-帰結の関係はない。「しかも」が最適である。

(b)「フリーサイズである」ことと「大きなお爺さんも小柄なお婆さんもいっしょ」ということの関係を考えよう。後者の主張で、「お爺さん」と「お婆さん」という性差にはポイントはないと思われる。フリーサイズであったから、「大きい人も小さい人もいっしょ」というわけで、とくに新しい主張が付加されているわけではない。解説と帰結の中間くらいの関係で、「つまり」が最適。

(c)「立ち上がって歩くとずれたり落ちたりする」ということは、やはり「昔はこんなにひどかった」という方向の主張。記述が具体的なので「たとえば」を入れたくなる感じもないではないが、内容的に前の内容を例示したものではなく、新たな内容が付加されている。

解答　(a)しかも　(b)つまり　(c)しかも

問25　使われている接続表現に注意しながら、議論の流れを整理してみよう。

(1)明治以来の品種改良はそれまでの品種を親としている。
(2)近代の品種改良は限られた持ち駒をもとになされている。
(3)外国品種の遺伝子の導入は例外的。
(4)品種が多様になっても遺伝的には多様ではない。
(5)かつては4000を越える品種が栽培されていた。
(6)現在大きく栽培されているのは50品種ほど。
(7)その50品種のうち、コシヒカリだけで四割程度を占める。

これに対して、前半の段落では「(1)。つまり(2)。(3)。ただし(4)」とつながれてあり、後半の段落では「(5)。しかし(6)。しかも(7)」となっている。この

四つの接続表現をチェックしよう。

(1)と(2)は内容的にほぼ同じものであり、解説の「つまり」を使うことには問題はない。

「(1)～(3)。ただし(4)」はどうか。ここで主張の方向は変化していない。それゆえ、「ただし」は不適切である。では何がよいか。解説とみるのはあまり適当ではない。(1)～(3)で言いたいことはだいたい言い尽しているという感じではなく、(1)～(3)をもとに、結論的に(4)を主張していると見るべきだろう。そこで、「だから」等の帰結の接続表現を使う。

他の箇所も見ておこう。「明治時代は4000を越えていたが、いまは50程度だ」というのであるから、「(5)。しかし(6)」はこれでよい。次の「しかも」も、「数だけで言っても50程度で少ないのに、その内訳を見ると半分近くがコシヒカリでますます多様性は乏しい」という構造であるから、まさに「しかも」を使うところである。

解答　「ただし、交配によって……」の箇所の「ただし」を「だから」等の帰結の接続表現に代える。

問26　(a)「ペンダント・ウォッチがチョッキのポケットに納められるようになった」ということが、「イギリスの懐中時計が装飾的でなく実用的になった」ことの理由。

(b)「イギリスの時計が実用本位になった」ことと「イギリスが最大の時計製造国になった」こととの間にはとくに強い論理的接続関係はない。主張がたんに並列的に付加されている。

解答　(a)だから　(b)そして

問27　(a)「ここ数年CDの大ヒットがみられる」という指摘を、GLAY、B'zそして宇多田ヒカルで具体的に例示している。

(b)宇多田ヒカルについての指摘は、GLAY、B'zの事例と同方向のものであるから、接続関係は付加。「そして」でもよいが、「GLAY、B'zでもすごかったのが宇多田ヒカルに至ってはもっとすごい」という累加の感じがあるので、「しかも」がよいだろう。

解答　(a)たとえば　(b)しかも

問28　短い抜粋なので全体の趣旨が分かりにくいかもしれないが、カリグラの異常行動は彼の個人的特殊事情なのか、それともローマ社会全体の頽廃なのか、ということが問題になる。全体は譲歩の構造であり、カリグラの特殊性を譲歩的に認めつつ、それはほかの皇帝にもあてはまるという点が強調される。そして、そうした話にローマ社会全体の頽廃を見てとっても無理はない、と結論される。これらの主張の方向とその軽重に注意すること。
　(a)カリグラは早発性痴呆症ではないかという趣旨のもとに、まず彼の行動からそのことがうかがわれると述べ、さらに、カリグラ自身も自分の異常を認めていたふしがある、と言われる。カリグラ自ら認めているんだから、ますますカリグラの精神異常ということは確からしい、というわけである。累加の関係、「しかも」を使う。
　(b)「カリグラの例で同時代の性風俗を語ることはできない」という主張は、カリグラの特殊性を譲歩的に認める部分に属している。主張の方向は変化していない。「カリグラはおかしかったから、むやみに一般化することはできない」と、そこまでの主張から一応の結論を引く。
　(c)しかし、カリグラの特殊性の主張にウエイトがあるわけではない。言いたいことは以上の譲歩を受けた後半にある。そこで(c)は「ただし」ではなく、「しかし」を用いる。
　(d)「ほかの皇帝たちにもあてはまる」ということをクラウディウス帝の例で具体的に例示する。主張の転換は見られない。

　　解答　(a)しかも　(b)だから　(c)しかし　(d)たとえば

問29　(a)も(b)も「ただし」と「しかし」を区別する問題。主張の本線を見失わないようにする。
　シェイクスピアの道化の二つのタイプを論じている。ひとつはドタバタ喜劇的な初歩的道化。そしてもうひとつは「苦い道化」ないし「辛辣な道化」と呼ばれるタイプである。そして、このうちもっともシェイクスピアらしいものとして後者の道化をとらえる。ということは、議論のウエイトは後者の方にあると見てよい。シェイクスピアには初歩的な道化も登場するが、しか

し、本領は「苦い道化」の方にある、というわけである。そして、初歩的な道化の中でも、ボットムだけは別格、と補足される。

解答　(a)ただし　(b)しかし

練習問題2

問43　⑤「自分の立つプラットホームの中心側が『内側』」ということと、⑥「黄色い線を越えない領域が『内側』」ということは同じ内容。それゆえここに「だから」を用いるのは適切ではない。⑥は⑤の言い換え（⑤＝⑥）である。それに対して、⑦もやはり⑤と⑥の言い換えなのだが、中国語が線路の側から「内」をとらえるのに対して、日本語は自分の視点から「内」をとらえるという、この文章の中心的主張へと言い換えるものであり、たんなる内容解説ではない。むしろ結論を導く接続表現を用いるべき。原文は「だから」であったが、「つまり」でもよいだろう。

「だから」がつなぐ接続関係は「⑥。だから⑦」でもまちがいというわけではないが、⑤と⑥のまとまりが⑦の根拠となっているのでその点を配慮する。「（⑤＝⑥）──→⑦」という解答でもちろん正解だが、⑦の根拠が⑤と⑥のまとまりであることを表現して、「（⑤〜⑥）──→⑦」でよい。

解答　⑦の前に「だから」を入れる。　　（⑤〜⑥）──→⑦

問44　(a)「ところが」を入れたくなった人もいるのではないだろうか。「ネコがすりよってくるのはかわいい。ところが、それはフェロモンをつけるためなのだ」という流れが読む側にあるからだろう。しかし、問題文の内容に即して考えると、「ところが」は使えないことが分かる。すでに①と②でフェロモンという観点から「ネコのスリスリ」を説明しようとし始めており、③はそれを言い換えつつさらに展開したものにほかならない。接続関係としては「②＝③」か「②──→③」かは微妙なところであるが（「つまり」はそのへんを曖昧にした接続詞である）、「愛情からではない」という新たな論点が導かれているので、帰結を引いたものと見た方が適当だろう。

①との関係はどうだろうか。「①＝②」ならば「（①〜②）──→③」となる

が、ここは「①──→②──→③」と考えられる。

　ところで、よけいな一言。「ところが」などといういままで本書では使ったことのない接続詞が出てきたので、これは原文のものだろう、などと考えてこれを解答した人はいないだろうか。（姑息な受験生ならやりそうである。）そういうつまらぬテクニックで答えようとしてはいけない。

　(b)ここもわずかばかり「しかし」に気持ちが動くかもしれない。主張の方向をきちんと内容に即してチェックしよう。まったく同方向である。なお、⑤は④とほぼ同じ内容であるから、③の帰結としては④と⑤のまとまりを取り出す。

　　解答　(a)つまり　②──→③　　(b)だから　③──→(④～⑤)

問45　①は問題提示文。その問題「なぜロケット旅客機は実現しないのか」に答える前に、まずロケットの原理をおさらいする。「②──→③──→④」という流れになっている。②「酸化剤を使う」、だから③「外部から酸素を取り入れる必要がない」、だから④「空気のないところでも飛べる」というわけである。

　そこまではロケットのよいところである。⑤からロケットの欠点を述べる。ここで方向が転換している。それゆえ「しかし」を入れる。この「しかし」は、「②～④」の主張のまとまりを議論の後半部「⑤～⑦」へと転換する大きな「しかし」である。

　⑥～⑧は⑤「欠点はコストである」を解説している。さらに⑥～⑧の内部を見るならば、「(⑥+⑦)──→⑧」である。

　　解答　(a)だから　②──→③　　(b)しかし　(②～④)⌒(⑤～⑦)
　(c)だから　(⑥+⑦)──→⑧

問46　③「車を機能性等々で売ろうとするのは分かる」と④「抗菌処理で売ろうとするのは分からない」は譲歩構文になっている。「なるほど③。しかし、④」というわけである。

　⑤から再び譲歩が始まる。「医学では清潔はだいじだし、一般論としてもそうだ」、しかし……。譲歩の部分は⑤から⑨までであり、⑩から転換する。

そして転換した後の主張は⑪まで続く。
　これで問46には解答できるが、さらにひとつ問題にしたいことがある。⑨の前の「だから」である。「病院では清潔はだいじだ」（⑥～⑧）、だから「一般的に清潔はだいじだと言える」（⑨）というわけで、著者はここに根拠の関係をつけているのだが、実はこれはあまり適切ではない。病院でそうだからといって一般的にもそうだというのは根拠がいささか弱い。著者は医者であり、それゆえ病院での事実を一般化することにさほど抵抗がないのかもしれないが、内容的に見てここは論点の付加であり、私だったら「この原則は、現在の病院でも守られていて、……常識になっています。そして、清潔はいいこと、不潔は好ましくないというのは、一般的にもそう言ってよいだろうと思います」のように書きたくなる。こうした導出の適切さの評価は、第Ⅱ部でじっくり取り上げることになる。

　　解答　④、⑩の前に「しかし」を入れる。
　　③⌒④　　　（⑤～⑨）⌒（⑩～⑪）

問47　まず、②「裁判所に持ち込まれはした」が、しかし③「判決は難しい」というわけで、③の前で方向が転換する。
　④「先例がないため、担当裁判官の個性に左右されがち」というのは、③の「周到な配慮をして判決をすることは難しい」ということの解説。
　そして、⑤「これは法律的な賭であり、子や親の地位が不安定」ということは判決が難しいことからの帰結である。
　全体は②から（③＝④）へと転換し、そこから⑤を導くという構造をもっている。

　　解答　しかし③　　②⌒（③～④）
　　　　　したがって⑤　　（③～④）―→⑤

問48　全体に産業革命以前の道具の在り方について論じられている。（ちなみに、原文はこの後、産業革命以降の「機械」について議論が進むことになる。）
　まず①では産業革命以前の技術は道具が中心であったと述べられる。そし

て、②「道具は身体機能の模倣から生まれた」と主張が付加される。

③は武器、ハンマー、車輪、馬車といった具体例で②を解説したもの。④は③をさらに解説したもの。つまり、(②＝(③＝④))である。

⑤の前の「したがって」は前の部分を根拠として受けるが、①は⑤以降の根拠として働いているわけではないから、除外する。

⑥は⑤の解説。それゆえ、この「したがって」の接続関係は「②〜④。したがって、⑤⑥」となる。

以上から、ここまでの主張提示文として①と⑤が取り出せる。①を見落としてしまったかもしれないが、①は②〜⑥のまとまりとは別にひとつの主張として立っている。

⑦の前に「だが」がおかれ、ここで方向が転換するが、①の方向が転換するわけではない。①という大枠のもとで議論が進んでいる。主張提示文だけを取り出すならば、「①。そして⑤。だが、……」となる。

「なぜなら」という語によって明確に指定されているように、⑧は⑦の理由を与える。⑨は⑧の解説。

⑩では建物、船、都市施設を例として知識の流通や集積を問題としており、それゆえ、⑦よりも⑧⑨に対する例示とみなすべき。

以上から、⑦〜⑩はひとまとまりを成し、主張提示文としては⑦が取り出せる。

全体の構造を図示しておこう。

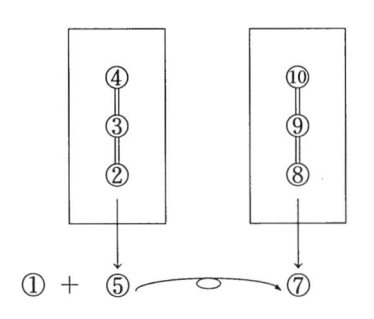

解答　①、⑤、⑦

問49　まず主張を手短かに「①。しかし②」という形で述べ、それを続く③〜⑤でさらに敷衍する構造になっている。「(①⌢②) = (③④⌢⑤)」というわけである。ここで、①が③④で解説され、②が⑤で解説される。

しかし、①②はその後の議論の「見出し」のような位置であり、実際の主張内容はむしろ③〜⑤と考えた方がよい。

③と④の関係が根拠であることは分かりやすいだろう。③「風邪の症状は微妙に異なっている」、だから、④「薬剤師にきちんと選んでもらうのがベストだ」。

というわけで、ここまでの主張提示文としては④と⑤が取り出される。

次の、⑤「ふつうひとは総合感冒薬で間に合わせる」と⑥「総合感冒薬というのは当てずっぽうなのだ」の関係はちょっと注意が必要かもしれない。接続関係は付加であるが、⑤から「総合感冒薬でなんとかなると思われている」という方向が感じられるならば、その方向を断ち切るために⑥の前の(d)のところに「しかし」を入れたくもなる。だが、⑤はすでに「総合感冒薬なんかじゃだめ」という方向におかれているのである。⑤の文末の「間に合わせてしまう」という言い方はそのことをうかがわせる。とすれば、もう⑥の前に「しかし」をおく必要はない。単純な付加であるから、とくに接続表現はいらない。

最後に、⑥から⑦が帰結として引かれる。

主張提示文だけをつなげれば、全体の構造はこうである。

④⌢⑤＋⑦

解答　(a)しかし　①⌢②　　(b)だから　③——④
(c)しかし　④⌢⑤　(d)×　⑤＋⑥　(e)だから　⑥——⑦

問50　まず①で「社会化」という語の意味が説明される。

ついで、②「子どもは社会化の過程で社会生活を営むためのさまざまな知識や技術をマスターする」ことと、③「子どもの社会化にかかわるのは大人たちである」こととが続けて主張される。②③の主張が重要なものであれば、内容的に①に新たな主張が加わったものとみなしてもよいが、後の展開を考えると、言いたいことはむしろ後半部にあると考えられるので、このあ

たりの主張のウエイトは軽い。そこで、②③はともに①の解説とみなせる。①〜④で「社会化」という語の意味を説明しているのである。このまとまりを代表する主張提示文としては①だけを取り出しておけば十分であり、②〜④は①に対する解説としてカッコに入れる。

④は②と③からの帰結であり、次のような三段論法である。

　②子どもは社会化の過程で社会生活を営むためのさまざまな知識や技術をマスターする。
　③子どもの社会化にかかわるのは大人たちである。
　それゆえ、
　④子どもが大人と同じように考え、行動するようになれば社会化は成功。

そこで、ここまでの流れは次のように押さえられる。

①＝ | (②＋③)⟶④ |

主張提示文は①である。

以上は「社会化」という言葉の説明で、後半の議論のための準備にすぎない。

後半はまず、社会化が正常になされた場合について⑤が言われる。しかし、これは譲歩であり、言いたいことは⑥「社会化が常にうまくいくという保証はない」の方にある。

⑦「社会が大きく変化する時代は世代間で違いが生じる」は⑥の理由を述べていると考えられる。解説と見ることもできるが、⑥自身は意味のよく分かる主張であり、「どういうこと？」と説明を求めるよりは、「どうして？」と理由を求める気分だろう。

そして⑧「大人は保守的、若者は革新的」という確認は⑦の解説。

それゆえ、ここまでの中心的主張は⑥「社会化が常にうまくいくという保証はない」である。

次に、⑨「若い世代が革新的なのは好ましいこと」と述べられる。これは

⑥に付加された新たな主張である。
　ここまでの構造は次のようにまとめられる。

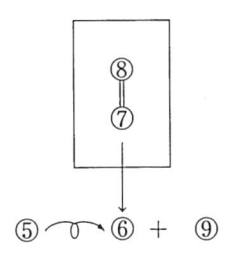

```
┌─────────────┐
│     ⑧       │
│     ‖       │
│     ⑦       │
└─────────────┘
  ⑤ ⌒ ⑥  +  ⑨
        ↑
```

　ところで、⑤〜⑨の主張はきわめて常識的な主張であるように感じられなかっただろうか。世代毎に感じ方、考え方が違い、若者がより革新的であるのはよいことだ、などというのは、きわめて平凡な主張である。実際、⑤〜⑨全体が常識的な意見に譲歩したものとみなせるのである。著者が本当に言いたいことは⑩から始まる。
　⑩「わが国で最近起こっているのはそれとはまったく違う」。これはそれに先立つ⑤〜⑨からの方向転換である。
　⑪「世代間の程度の差を越えた新しい現象が起こっている」は、その文末が「からである」になっているのに素直に従って⑩の理由を述べたものとみなしてよいだろう。
　⑫「大人には理解できない言動が子どもにみられる」は⑪の解説であり、⑬「社会環境の変化があまりにも急激であったため、子どもの社会化に異変ともいえる事態が生じている」も、⑫をさらに解説したものである。
　⑩〜⑬の構造をまとめると次のようになる。

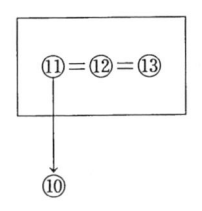

```
┌─────────────────┐
│  ⑪ = ⑫ = ⑬    │
└─────────────────┘
        ↓
        ⑩
```

　かくして、主張提示文だけを取り出して骨格を示すならば、こうである。

①＋（⑤ ⤳ ⑥＋⑨）⤳ ⑩

もう明らかだろうが、中心的主張は⑩である。

解答　④の前に「それゆえ」を入れる。　　（②＋③）──→④
　　　⑥の前に「しかし」を入れる。　　　⑤ ⤳ ⑥
　　　⑩の前に「しかし」を入れる。　　　（⑤～⑨）⤳ ⑩

練習問題3

問58　結論は①であり、根拠は②と③。問題は、②と③は合わさってひとつの根拠か、それとも別々の二つの根拠かという点。難しくはないだろう。

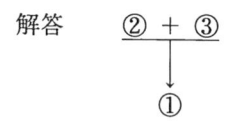

　　　解答　　②　＋　③
　　　　　　　　　│
　　　　　　　　　①

問59　結論は①。②と③は合わさってひとつの根拠となる。つまり、「②卵の殻には無数の気孔が開いており、③そこからよごれが入る」、だから①不潔になる。④「水で気孔がふさがる」はそれとはまた別の根拠を示している。②は④にもかかっていると見るべきかもしれない。そのときには「②＋③」と「②＋④」をそれぞれ論証図に書き込むことになる。ところで、この「卵は洗うと腐る」というのは、私もそう信じていたのだが、誤った俗説であるらしい。

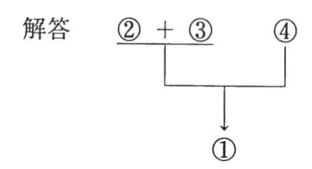

　　　解答　　②　＋　③　　　④
　　　　　　　　└──┬──┘
　　　　　　　　　　①

問60　二つの論証の流れがある。ひとつは、⑥「水は胃にたまる」が⑨「ビールは胃にたまらない」ということ。⑥と⑨は合わさって結論①「ビールはがぶ飲みできるが水はできない」という結論を支持する。そしてもうひ

とつは、⑫「ビールはすぐに尿として排出される」ということ。この二つが結論①を支持する論証として合流する。

さらにさかのぼって、⑨の根拠は⑦と⑧。この二つは合わさってひとつの根拠になっている。また、⑫の根拠は⑩と⑪であるが、これも合わさってひとつの根拠となる。

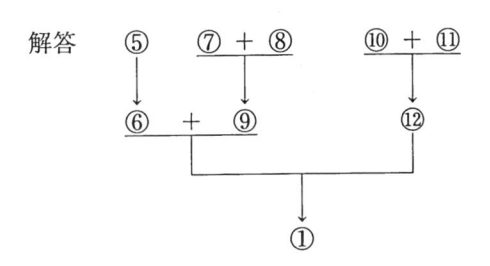

解答　　⑤　　⑦ + ⑧　　⑩ + ⑪
　　　　↓　　　↓　　　　　↓
　　　　⑥ + ⑨　　　　　　⑫
　　　　　　└──────┬──────┘
　　　　　　　　　　 ↓
　　　　　　　　　　 ①

問61　論証の構造は次のように書ける。

　二回東京のうどんを食べたが、いずれもまずかった。
　だから
　今度もまずいだろう。

通常「推測」とみなして何の問題もない事例だが、事情はもう少しだけ複雑である。本文中では説明しなかったので、ここで説明しておこう。

上の論証において、結論は前提を説明する仮説ではない。それゆえ、実は本文中で説明した推測の典型事例ではない。ここには、論証の間に仮説形成が隠されていると見ることができる。きちんと書けば、次のようになる。

　二回東京のうどんを食べたが、いずれもまずかった　……①
　だから
　東京のうどんはどれも全部まずいだろう　……②
　だから
　今度もまずいだろう　……③

②は①を説明する仮説になっている。そこで①から②への論証は推測であ

る。だが、②から③は演繹である。「全部まずい」ならば「今度もまずい」ということは確実なこととして言える。それゆえ問題の論証は推測と演繹がまじった論証と言うべきであるが、広い意味ではこうした論証も推測に分類してよいだろうし、またその方が通常の「推測」という語の使い方にもかなっていると思われる。

　解答　推測

問62　論証の構造は次のようになっている。

　　いつでも昼食はカレーかもりそばだ　……①
　　今日はカレーではない　……②
　　だから
　　今日はもりそばだ　……③

　これは演繹である。論理学では「選言的三段論法」などというごたいそうな名前までついている。ここで、「たまにはカツ丼」とくつがえされているのは、根拠とされた主張①が撤回されたということであり、論証が演繹であることを損ねるものではない。ただ発言者がいいかげんなだけである。

　解答　演繹

問63　まず問題には関係ないが、「検校」とは江戸時代の盲人の最高役職のことである。念のため。さて、この問題は少し難しい。一見して推測に思われる。しかし、論証の構造はこうである。

　　井戸に身を投げるときは足の方から飛び込む　……①
　　この死体は井戸の中で頭を下にしていた　……②
　　だから
　　身投げではない　……③
　　だから
　　ひとに投げ込まれたのだ　……④

①と②を認めたならば、③は自動的に出てくる。つまり、演繹なのである。ここで顎十郎が行なったことは推測ではなく、手持ちの理論①と観察事実②から結論③を導き出す演繹にほかならない。推測とは理論を形成する過程に関わるものであり、形成された理論をもとに説明する場面はむしろ演繹的なのである。

ただし、③から④への導出は飛躍がある。ここで顎十郎は、暗黙のうちに「自殺でないなら他殺」ということを前提にしてしまっている。この前提がなければ③から④は演繹できない。ところが、ここには「事故」という第三の可能性がある。検校は井戸の中から何か物音がしたような気がして、もっとよく聞こうと身をのりだし、落ちてしまったのかもしれない。

実は、私自身、最初はこの事例を推測として収集していた。しかし、いざ問題にしようとして検討したところ、これは演繹なのだと気づかされたのである。推理小説だから推測と考えたのが短絡であった。一般に推理小説において最後に探偵が謎解きをする場面はもはや推測ではなく、理論と証拠から犯人を導き出す演繹的説明になっているのである。

解答　演繹

問64　いろいろ書いてあるが、構造は単純。しかし洞察は深遠である。あまり説明はいらないだろう。山口組の存在が学生によるカツアゲの抑止力となっているというのはひとつのきわめて説得力ある説明ではあるが、一本道の結論ではない。

解答　推測

練習問題4

問79　(2)は条件の構造をもたない。逆、裏、対偶が作れるのは、「AならばB」という条件文か、「すべてのAはBだ」という文に関してである。

解答
(1)逆：育児嚢がついているならば、カンガルーである。

裏：カンガルーでないならば、育児嚢はついていない。
　　対偶：育児嚢がついていないならば、カンガルーではない。
(2)逆、裏、対偶は作れない。
(3)逆：オオカンガルーではないならば、草原に生息している。
　　裏：草原に生息していないならば、オオカンガルーである。
　　対偶：オオカンガルーは草原に生息していない。

問80　「AだけがB」は、BなのはAだけで他にはないと言っているのであるから、「AではないならばBではない」に等しい。

　解答　(b)

問81　Aの発言に示されている論証の構造はこうなっている。

　　本村先生は馬券をとったときだけきげんがよい。
　　本村先生は弥生賞をとった。
　　だから
　　本村先生はきげんがよい。

　「だけ」に注意。きげんがよいのは馬券をとったときだけではあるが、馬券をとったときには必ずきげんがよいとまでは言っていない。何かのかげんで馬券をとったにもかかわらずきげんが悪いかもしれない

　解答　×

問82　問題文がそのまま無駄のない論証になっているから整理する必要はないだろう。与えられた前提をすべて認めるならば、結論は一本道である。

　解答　○

問83　例えば、きっぱりと「人を殺した者は死刑」と言われたとしよう。ここから、「人を殺したのでなければ死刑にはならない」と読み取るのは、

裏を真とみなした誤りにほかならない。人ではない場合はどうなのか、それはこの規定からは読み取れないのである。実際、まだ生きていると思い、殺意をもって死体の左胸を突き刺したとすると、それは死体損壊罪ではなく、殺人未遂になるのだそうだ。「未遂」というのもよく分からないが、判決はそうなっているらしい。

解答 ×

問84　ここでは次のような論証が提示されている。

　　知的活動は規則として表わせない　……①
　　コンピュータは規則に表わせることしかできない　……②
　　それゆえ
　　コンピュータは人間を越えられない　……③

　①と②から直接出てくる結論は、「コンピュータには知的活動はできない」というものである。そしてこの結論と③の間には飛躍がある。この飛躍を埋めるとすれば、「人間は知的活動ができるから偉いのだ」ということを補わなければならない。これは書き出すまでもない常識だと言われるだろうか。必ずしも、そうではない。

　解答　人間には知的活動ができる。そして、知的活動ができるものの方が知的活動ができないものよりも優越している。

問85　Bの受け答えがいささかぶっきらぼうなので、会話の流れが分かりにくかったかもしれない。まず、Aが「花子は大学に進学すべき」と主張し、Bがそれを否定する。そのことからAは「じゃ、花子は大学に行くべきじゃないのか」と言う。ここでAの念頭には、「花子は大学に行くべきか、行くべきじゃないのか、いずれかだ」という選択肢が前提としてある。いわばハムレット型二者択一と言えるが、この前提は正しくない。「花子の好きにさせればいい」という第三の選択肢もある。Bはまさにそう言いたかったのである。

解答　次の前提が隠れている。「花子は大学に行くべきか、さもなければ大学に行くべきじゃないか、どちらかであり、他の選択肢はない。」

問86　「本能ではないならば幻想だ」というところに独特の二者択一が見られる。かなり独断的であるが、これは原文著者岸田秀氏の基本主張なので、その説得力は著者の著作全体に関わり、問題文の箇所だけで判断することはできない。次の「したがって」は単純に「幻想に基づいているならば文化の産物である」というストレートな前提をもっているととらえてよいだろう。

解答　次の二つの前提が隠れている。
(1)人間の活動はすべて本能に基づくか幻想に基づくかいずれかである。
(2)幻想に基づくものは文化の産物である。

問87　解答　次の前提が隠れている。「教師を調査対象としたのではいじめの実態を正確にとらえることはできない。まして学校の公式見解ではまったくいじめの実態はつかめない。」

問88　問題文全体の結論は「傷のあるミカンの方がよい」というものだが、推測はその傷がどうしてついたのかということに関わっている。つまり、証拠は「ミカンにすり傷がついている」ことであり、仮説は「ミカンが木の外側の風通しのよい所になっていた」というものである。そうするとどうして甘いミカンになるのかの説明は推測ではなく、理論に基づいた演繹的説明になっている。

　　　　　　証拠：ミカンにすり傷がついている
　　　推測　│
　　　　　　↓
　　　　　　仮説：そのミカンは木の外側の風通しのよい所になっていた
　　　　　　＋前提：木の外側の風通しのよい所になっていたミカンは甘い
　　　演繹　│
　　　　　　↓
　　　　　　帰結：そのミカンは甘い

解答　証拠：ミカンにすり傷がついている。
　　　仮説：そのミカンは木の外側の風通しのよい所になっていた。

問89　理由はいろいろ考えられる。昔は女性が東大なんか出ると結婚しにくくなるという配慮が働いたということも考えられる（いまもそうなのだろうか）。あるいは、女性にとっては東大卒の肩書きが男性の場合ほど魅力的ではないということも理由になっているかもしれない。あるいは、子どもが学校の勉強ができるということに対する親の態度に性差が見られるのかもしれない。その場合、これは調べてみなければ分からないが、学校の成績に関して言えば実際に男子の方がいい成績をとっているのかもしれない。とはいえ、かりに学校の成績が男の子の方がよいとしても、そのことは必ずしも男子の方が頭がよいという仮説を支持するものではない。まあ、問題文の仮説よりましなものはほかにもいくつもありそうである。解答は私がもっとも大きい理由ではないかと考えるものを挙げておいた。

解答　親が浪人を許さない、あるいは浪人を望まない学生が、男子よりも女子の方に多いのではないか。それゆえ、女子は浪人合格者が減り、また、浪人のリスクをおかさないため、現役でも東大を敬遠するという事情があるのではないか。

問90　暴力シーンを見るということと問題行動を起こすということとの間に相関関係があるということは、それだけでは前者が後者の原因であることを意味しない。この場合は、むしろ両者を共通に引き起こす第三の要因が原因として働いていると見るべきであろう。

解答　暴力シーンを見ることが問題行動の原因なのではなく、両者を共通に引き起こしているなんらかの原因があると考えられる。例えば、家庭や学校における抑圧から逃れるため非合法的、暴力的な行動に走るのであるとすれば、同じ理由で暴力的な番組を好んで見るようにもなるだろう。

問91　チャイルドシートの安全性を言うのに、死亡事故の件数を比較しても意味がない。そもそもチャイルドシートの着用が義務づけられたのが

2000年4月1日からなのである。1993年から5年の間、いったいどのくらいの割合でチャイルドシートが使用されていたのか。その使用率が低いのであれば、チャイルドシート着用時の死亡者数の方が少ないのも当然のこととなる。(冗談を言うならば、チャイルドシートが開発されていなかったときには、チャイルドシート着用者の死亡件数は当然のごとく、ゼロである。) それゆえ、チャイルドシートを着用していた場合の事故と着用していなかった場合の事故の死亡率を比較しなければならない。「数」ではなく、「率」である。

解答　チャイルドシート着用時の死亡者数が少ないのは、ただ単純にチャイルドシートを着用している子どもが少なかったからとも考えられる。

練習問題5

問97　もっとも目につくのは、「道徳的」という言葉の意味である。まず形式的に文章を追ってみよう。「今の日本人は自分が道徳的でなければ他人を叱ることができないと思っている」と言われる。そして、だから「他人を叱れないのだ」と。そうすると、今の日本人は自分を道徳的だとは思っていないということである。自分が道徳的でないから、他人を叱れない。しかし、次の段落の冒頭で、「すなわち今の日本人は道徳的なのです」と言われる。これは一見して不整合である。どういうことなのだろうか。

実は、問題文の前後も含めて原文をよく読んでみたのだが、よく分からない。「自分が道徳的でなければ他人を叱れない」という潔癖さ、それ自体がひとつの「道徳的態度」だと考えられているのかもしれない。

またこのことは、続いて現われる「道徳的／道徳志向的」という対概念の意味にも関わっている。「道徳的」と「道徳志向的」の区別は原文の問題文に先立つ箇所で説明されていて、それゆえ著者に質問すれば、「道徳志向性とは、人の言動を道徳に還元して評価する態度のことをいっています」と答えが返ってくる。つまり、例に出てくる昔のおじさんは、勤勉・公正・正直といった点においていささか劣るところがあったとしても、子どもの行動を道徳的観点から評価し、叱ることができた。つまり、道徳的ではなかったが、道徳を求めるという点で道徳志向的ではあった、というわけだろう。

しかしそうすると、そのおじさんがもし、「俺は道徳的にダメな人間だか

ら子どもを叱れない」と考えたとしたら、そのおじさんは今の日本人と同じように「道徳的」だということになるのだろうか。

よく分からない。最初問題文として取り上げようと思った時点ではちょっとひっかかるという程度だったのだが、解答を検討しているうちに分からなくなってしまった。本当に、著者に質問したくなってきた。

それからもうひとつ、「叱られる方の人権が発達しているから、叱る方はすべての点で叱られる人より優れていなければならない」というところも分からない。道徳的に劣っている人が自分より道徳的に優れている人の過ちを非難することは人権侵害になるのだろうか。私にはどうもそういう感覚がない。

解答は前半の問いだけを挙げておくが、他にも質問はいくつか出そうである。

解答 「道徳的」という言葉の意味がはっきりしないのでもう少し説明してほしい。「今の日本人は道徳的なのです」と言われているが、そうならば他人を叱ることもできるのではないか。どういう意味で「道徳的」と言われているのか。そしてまた、言われているような理由で今の日本人が「道徳的」であるならば、もし昔のおじさんが自分のダメさを理由に子どもを叱れなかったとしたら、そのときそのおじさんも「道徳的」ということになるのだろうか。ちょっと納得しがたいものがあるので説明してほしい。

問98 ダメな父親をもった娘は父親と同じようなダメ男とくっついてしまうという因果な話だが、最初は親子関係一般を論じていたのが、途中から娘の結婚の話になっている。ここには説明の飛躍があり、いくつか質問したくなるだろう。例えば、母親の存在はどうなのか、母親に暴力をふるわれて育った娘は母親のような暴力的な女性を好きになってしまうものなのだろうか。また、親と同じようなダメな人物にひかれてしまうとして、それはつねに恋愛感情として現われるものなのか。もしそうならそれはなぜか。

しかし、もっと謎なのは、なぜ娘は父親と同じダメ男と結婚するのかに対する最初の説明と最後の説明の折り合いである。まず、こう説明される。娘はたとえダメな父親でも尊敬し、好きになろうとする。自然に好きになれない対象であればあるほど、無理してでも好きになりたいという気持ちを引き

起こそうとする。それは殺生権を握った者に対する弱者の生き残り策である。そしてその結果、そういうダメな男にひかれるようになってしまう。ここにおいて父親は強者であり、本来尊敬されるべき存在であり、娘は弱者である。ところが、最後の説明では「弱い男を自分が保護していることで、自分の居場所を確保したように感じるから」そのダメ男といっしょにいるのだ、と説明される。ここでは男の方が弱者であり、もはや尊敬されるべき対象ではない。この相反する方向は、どう説明されるのだろうか。

　強い男として尊敬したいという気持ちからひかれていく力と、弱い男として保護したいという気持ちからひかれていく力、その両方が働いている。まあ、それが人間の心理の謎なのだと言われればそれまでだが、より理解を深めるためにも、もう少し説明してほしいところである。

　解答　(1)母親の存在はどのように影響するのか。
　(2)父親と同じようなダメな男にひかれる気持ちは必ず恋愛感情として現われるものなのか。そうだとしたら、それはなぜか。
　(3)父親に似ている、だから無理してでも尊敬すべきという思いからひかれていく力と、弱い男だから自分が保護しなければという思いからひかれていく力は、相手との強弱の関係が逆転しているが、それはダメな父親をもった娘の場合に自然に両立するものなのか。どのようなかたちでその相反する力は両立しているのか。もう少し説明してほしい。

問99　まず立論Aの内容を見よう。

　　学校教育は受験本位の教育になっている　……①
　　学校教育は詰め込み教育になっている　……②
　　受験教育が子どもを追い詰めている　……③
　　今の子どもには時間のゆとりも心のゆとりもない　……④
　　だから
　　知育偏重から豊かな心を育てる教育に変えねばならない　……⑤
　　また
　　今の子どもは知識ばかりで考える力が育っていない　……⑥
　　だから

総合学習の導入・選択の余地の拡大・学習内容の厳選が必要　……⑦

論証の構造は次のようなものだと考えられる。

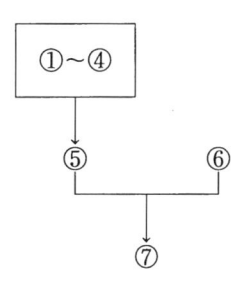

```
    ┌─────┐
    │ ①〜④ │
    └──┬──┘
       ↓
     ⑤   ⑥
      └─┬─┘
        ↓
        ⑦
```

とすれば、この論証に対しては次のような批判が考えられるだろう。

(1)受験の弊害が根拠として挙げられているが、立論Aは受験体制の改革については何の提案もしていない。

(2)今の子どもたちには時間のゆとりも心のゆとりもないから、知育偏重をやめるべきだと言われるが、ここには、知育偏重の教育が時間のゆとりをなくし、かつ、心のゆとりをなくすという前提がある。しかし、その前提は本当に正しいのか。例えば、学校教育が知育のみに関わるものだとしても、そのことゆえに子どもから時間のゆとりを奪うことにはならない。それは知育教育のやり方に依存する。また、知育教育が心のゆとりを奪うというのも、知育教育と情操教育を相反するものとする前提に立っているが、知育教育と情操教育は必ずしも相反するものではないのではないか。

(3)考える力を育てるために、総合学習を導入すべきと言われるが、本当にそれがふさわしい形態なのかはより慎重な検討が必要なのではないか。考える力を育てるには、むしろ周到に用意された学習環境の中で特定の話題をじっくり議論することが有効ではないのか。少なくとも、安直な総合学習の体制とプログラムしか作れないのでは、かえって害があるのではないだろうか。

こうした点を検討してこそ、批判となる。ところがBの議論のほとんどはこうした点に触れていない。ただ一点、「土曜を休みにしても塾に行くのでゆとりの実現にはならない」という箇所が批判にもっとも近いが、よく見ると立論Aは授業時間の削減については何も言っていないので、これも立論A

に対する批判にはなっていない。

解答 立論Aを批判するならば、受験とゆとり教育の関わり、知育教育と情操教育の関係、考える力を育てるためのゆとり教育の有効性といった点に触れなければならない。しかし、Bはそうしたことには何も触れておらず、批判なき異論となっている。また、「授業時間を減らしてもゆとりの実現にはならない」と主張しているが、立論Aは授業時間削減について何も主張していないので、これも立論Aに対する批判にはなっていない。

問100 同じような理屈はいろいろな場面で実際に聞かれる。実際、反対派が平然と完成した空港を利用しているのを見ると釈然としないような気持ちになるのかもしれない。その感情が強いと、この立論のどこが批判の対象になるのか、分かりにくだろう。

　問題は反対していたことそのものではなく、反対理由にある。例えば、家事ロボットの開発に対して、そのようなものは人間の生活を堕落させるからというような理由で反対していた人がいたとして、いざ家事ロボットが完成したときに喜んで使うようになったとしたら、「なんだおまえ」ということにもなるだろう。同様に、飛行機という交通手段そのものに反対していたのであれば、飛行機を使うようになったときには変節を糾弾されてもしょうがない。しかし、空港の「工事」に反対していたのである。そこにこの立論の穴がある。

　余談ではあるが、いまは亡き高名なある哲学者が、隣接する土地のマンション建設に反対していたことがある。反対運動にもかかわらずそのマンションは建ったのだが、のちにその人自身が自宅を壊してマンションにしたのである。私はその方に「マンション反対運動をしてらっしゃいませんでしたっけ？」と尋ねた。するとその先生はこう言ったのである。「あのときはまだマンションは建っていませんでした。」——ゼロを1にするのは反対だが、1となってしまったものを2にするのはやぶさかではない、というわけであった。しかし、これは少し屁理屈の臭いがした。

解答 空港のないところに空港を作ることの是非という問題と、空港がすでにあるところでその空港を利用するかどうかという問題は別問題である。

練習問題の解説と解答　　　177

林野を切り開き空港を作るということに対する反対は、空港の利便性に対する反対を意味するものではない。それゆえ、たとえ完成した空港を苦々しい思いで利用したとしても、それはけっして矛盾した態度ではない。

問101　一読して、問題文の趣旨に対してまったくもっともだと思った人も多いのではないだろうか。しかし、検討してみると、ドーピングがなぜいけないのかをきちんと論証するのは実に難しいのである。三つ理由が挙げられているが、その三つとも、論証として不十分であると批判されうる。私個人の意見としては、覚醒剤のような非合法的な薬物、あるいは死に至るほどの副作用をもつ薬は論外として、合法的な薬物ならば、スポーツだからという理由で禁止する必要はないのではないかとも思う。少なくとも、風邪薬でもドーピングとされてしまうような現状は、少しおかしいのではないか。
　というわけで、問題作成者は実はけっこう本気でこの立論は批判したいのであった。

　解答　(1)理由の第一として副作用があげられる。しかし、副作用を根拠にそれを公的に禁止することは慎重に検討されねばならない。例えば、たばこが肺ガン等の原因になることはよく知られたことであるが、だからといって公的に禁煙を強制するわけにもいかない。喫煙と健康のトレード・オフは個人の問題であり、他人に迷惑をおよぼさないかぎり、健康を手放して喫煙する権利は各個人のもとにあるとも議論されうる。同様に、副作用があるからという理由だけでは、本人が承知の上で行なうドーピングを禁止する理由にはならない。
　(2)理由の第二としてスポーツ理念に反することがあげられる。しかし、このことを理由にあげるとすれば、例えば新しいスパイクや水着を開発することと薬物との違い、あるいはさまざまな補助食品と薬物との違いを明確にしなければならない。「人間が自分自身の能力を最大限に発揮すること」という理念を、もっとも潔癖にとるならば、すべての競技者は全裸で競技しなければならないことになるだろう。
　(3)理由の第三としてドーピングは試合の公正さを破壊すると言われる。しかし、これはおかしな議論である。ドーピングが公正さを損ねるのは、ドーピングが禁止されているからである。禁止されているところでなお薬物に頼

る競技者が現われれば、それはたしかに不正であるが、問題はドーピングを禁止すべきかどうかにある。そして、もし解禁したならば、誰もが薬物に頼ることができるようになり、ドーピングはとくに不公平なものとはならない。公平さという観点から言うならば、現実問題として、むしろドーピングを禁止するよりも解禁する方が公平さが実現できるだろう。

使用文献一覧

　問題の作成にあたって、以下の著作中の文章を利用させていただいた。ほとんどの場合、問題に合わせて原文は改変されている。論点だけを残してかなり変えたものもある、その点ご容赦いただきたい。

問1：朝日新聞、2000年3月26日付朝刊
問2：大野晋『日本語練習帳』（岩波新書）
問3：南部和也・南部美香『ネコともっと楽しく暮らす本』（三笠書房王様文庫）
問4：小野耕世『ドナルド・ダックの世界像』（中公新書）
問6：渡辺洋三『法とは何か』（岩波新書）
問7：中村雄二郎『正念場』（岩波新書）
問8：田島正樹『魂の美と幸い』（春秋社）
問9：土戸敏彦『冒険する教育哲学』（勁草書房）
問10：加藤尚武『二十一世紀のエチカ』（未来社）
問11：安西祐一郎『問題解決の心理学』（中公新書）
問12：小林章夫『イギリス紳士のユーモア』（講談社現代新書）
問13：大森荘蔵『流れとよどみ』（産業図書）
問14：玉木正之『スポーツとは何か』（講談社現代新書）
問15：市川伸一『考えることの科学』（中公新書）
問16：横山輝雄「なぜ科学者は第一発見者にこだわるのか？」（『科学論争を愉しむ本』（別冊宝島123）所収）
問17：加賀野井秀一『日本語の復権』（講談社現代新書）
問18：森省二『正常と異常のはざま』（講談社現代新書）
問19：長谷川真理子『オスとメス＝性の不思議』（講談社現代新書）
問20：下條信輔『サブリミナル・マインド』（中公新書）
問21：中村明『悪文』（ちくま新書）
問22：養老孟司『涼しい脳味噌』（文春文庫）
問23：長尾真『人工知能と人間』（岩波新書）

問24：三好春樹『老人介護　常識の誤り』（新潮社）
問25：佐藤洋一郎『森と田んぼの危機』（朝日選書）
問26：角山栄『時計の社会史』（中公新書）
問27：松原隆一郎『自由の条件』（四谷ラウンド）
問28：本村凌二『ローマ人の愛と性』（講談社現代新書）
問29：高橋康也『道化の文学』（中公新書）
問30、問31、問32：竹内靖雄『経済倫理学のすすめ』（中公新書）
問33：橋爪大三郎『民主主義は最高の政治制度である』（現代書館）
問34、問35：柏木博『日用品の文化誌』（岩波新書）
問36：春日武彦『私はなぜ狂わずにいるのか』（大和書房）
問37：岩田規久男『経済学を学ぶ』（ちくま新書）
問38：多木浩二『都市の政治学』（岩波新書）
問39：香西秀信『論争と「詭弁」』（丸善ライブラリー）
問40：山口昌男『文化人類学への招待』（岩波新書）
問41：素朴な疑問探究会編『大愚問』（青春出版社）
問42：B.ラッセル（安藤貞雄訳）『幸福論』（岩波文庫）
問43　森田良行『日本人の発想、日本語の表現』（中公新書）
問44：南部和也・南部美香『ネコともっと楽しく暮らす本』（三笠書房王様文庫）
問45：別冊宝島編集部編『「謎」「なぜ？」を科学する』（宝島文庫）
問46：永井明『ぼくが「医療常識」を信じない理由（わけ）』（講談社）
問47：金城清子『生殖革命と人権』（中公新書）
問48：室井尚『哲学問題としてのテクノロジー』（講談社選書メチエ）
問49：唐沢俊一『薬局通』（ハヤカワ文庫ＪＡ）
問50：門脇厚司『子どもの社会力』（岩波新書）
問51：勝見洋一『中国料理の迷宮』（講談社現代新書）
問53、54：三好春樹『老人介護　常識の誤り』（新潮社）
問55：河野友美『まちがい食品学』（中公新書）
問57：小泉武栄『山の自然学』（岩波新書）
問58：清水義範『蕎麦ときしめん』（講談社文庫）
問59：小野正吉『西洋料理秘訣集』（光文社カッパブックス）
問60：別冊宝島編集部編『「謎」「なぜ？」を科学する』（宝島文庫）

使用文献一覧

問63：久生十蘭『顎十郎捕物帳』（朝日文芸文庫）
問64：不肖・宮嶋茂樹「ディープウエストの青春」（『本の旅人』2000年8月号、角川書店）
問67：朝日新聞、2000年5月8日付朝刊の投書をもとに作成
問69：坂本功『木造建築を見直す』（岩波新書）をもとに作成
問70：今井俊満、朝日新聞2001年2月7日付夕刊コラム
問72：武田邦彦『リサイクル幻想』（文春新書）
問73：金森修「人間以外」（井山弘幸・金森修『現代科学論』、新曜社）
問74：宮沢章夫『牛への道』（新潮文庫）
問76：コナン・ドイル（阿部知二訳）「株式仲買店」（『回想のシャーロック・ホームズ』、創元推理文庫）
問77：『買ってはいけない』（『週間金曜日』別冊ブックレット）
問78：http://infoweb.asahi.com/1102/news/business 02011.html
問82,83：近藤康二監修『刑法の楽しい読み方』（ＫＡＷＡＤＥ夢文庫）を参考にした。
問86：岸田秀『性的唯幻論序説』（文春新書）
問87：尾木直樹『子どもの危機をどう見るか』（岩波新書）
問88：河野友美『まちがい食品学』（中公新書）
問90：谷岡一郎『「社会調査」のウソ』（文春新書）
問91：2000年3月18日付滋賀リビングを参考にした。
問92：井田真木子「なぜ割烹着は消えたのか？」（橋本治編著『消えた言葉』、アルク日本語ブックス）
問93：工藤順一『国語のできる子どもを育てる』（講談社現代新書）
問94：『日本の論点2001』（文藝春秋編）を参考にした。
問95：朝日新聞、2000年12月29日付朝刊
問96：伊豆山健夫開成高校校長、2000年度開成高校卒業文集より
問97：小倉紀藏『韓国人のしくみ』（講談社現代新書）
問98：岩月謙司『女性の「オトコ運」は父親で決まる』（二見書房）
問99：大森不二雄『「ゆとり教育」亡国論』（PHP研究所）および大野晋・上野健爾『学力があぶない』（岩波新書）を参考にした。
問100：明石散人「アカシック　ファイル(21)」（『IN・POCKET』2000年9月号、講談社）を参考にした。

問101：友添秀則、近藤良亨『スポーツ倫理を問う』（大修館書店）を参考にした。

なお、序論の文章は次を部分的に使用している。
野矢茂樹「論理的になるために」（『月刊国語教育』2000年9月号、東京法令出版）

あとがき

　101題。実に、御百度を踏むような作業だった。御百度を踏んで、さらにもう一歩踏んづけてしまったので、かえってバチが当たるかもしれない。ともあれ、役に立ちますように、そしてそれだけじゃなくて楽しくやれますように。願をかけながら、1問1問作成した。
　ぜひ、全問踏破してほしい。私が御百一度を踏んだように、読者も私の作ったこれらの問題を楽しみ、苦しみ、ひとつひとつクリアして、ぜひ論理トレーニングをフルコースで味わっていただきたい。

＊

　いくつか謝辞を述べたい。齋藤浩文さんには何個か問題文の材料を仕入れていただいた。本当なら彼と共著にしたいと思っていたのだが、齋藤さんの都合がつかずかなわなかった。残念。それから、問題文の中に開成高校の卒業文集における校長先生の言葉という、なかなかすごいものがある。これは、私が大学で行なっている論理トレーニングの授業の夏休みの課題に対する学生のレポートからとらせてもらった。また、彼の解答も一部引用させてもらった。お礼を伝えたい。

＊

　なぜ101題なのか。まあたいした意味はないが、作ってみて、だいたいいい数字かなとも思う。ところが、私の身近にいる約一名から、「いまはもう『102』よ」と言われた。なんということだ。ディズニーもよけいなことをしてくれるじゃないか。ふん。

2001年3月

野矢茂樹

〈著者略歴〉

野矢茂樹
のや　しげき

1980年　東京大学教養学部教養学科卒業
1985年　東京大学大学院博士課程修了
1987年　北海道大学文学部助教授
1990年　東京大学教養学部助教授
2007年　東京大学教養学部教授
2018年　立正大学文学部教授
　　　　現在にいたる

主な著書:『論理学』(東京大学出版会)、『心と他者』(勁草書房)、『哲学の謎』『無限論の教室』(以上講談社現代新書)、『論理トレーニング101題』(産業図書)、『哲学・航海日誌』(春秋社／中公文庫)、『はじめて考えるときのように』(PHP研究所)、『論理哲学論考を読む』『同一性・変化・時間』(以上哲学書房)、『ここにないもの』(中公文庫)、『他者の声　実在の声』(産業図書)、『入門! 論理学』(中公新書)、『大森荘蔵―哲学の見本』『語りえぬものを語る』『哲学な日々』『心という難問』(以上講談社)、『増補版 大人のための国語ゼミ』(筑摩書房)

論理トレーニング　101題

2001年 5月15日　初　版
2025年 6月14日　第 53 刷

著　者　野矢茂樹
発行者　飯塚尚彦
発行所　産業図書株式会社
　　　　〒102-0072 東京都千代田区飯田橋2-11-3
　　　　電話　03(3261)7821(代)
　　　　FAX　03(3239)2178
　　　　http://www.san-to.co.jp
装　幀　戸田ツトム

© Shigeki Noya 2001　　　　印刷・製本 平河工業社
ISBN 978-4-7828-0136-9 C0010

他者の声　実在の声	野矢茂樹	2200円
哲学教科書シリーズ 新版 論理トレーニング	野矢茂樹	2200円
形式論理学 その展望と限界	R. ジェフリー 戸田山和久訳	2800円
流れとよどみ 哲学断章	大森荘蔵	1800円
哲学の迷路 大森哲学・批判と応答	野家啓一編	3200円
哲学教科書シリーズ 記号論理入門	金子洋之	2400円
哲学教科書シリーズ 現代哲学	門脇俊介	2400円
哲学教科書シリーズ 科学哲学	小林道夫	2400円
哲学教科書シリーズ 現代アートの哲学	西村清和	2800円
哲学教科書シリーズ 生命倫理学入門（第5版）	今井道夫	2400円
哲学教科書シリーズ 人間学とは何か	菅野盾樹	2400円
哲学教科書シリーズ 知識の哲学	戸田山和久	2600円
哲学教科書シリーズ 倫理とは何か	永井均	2200円
科学者の責任 哲学的探究	J. フォージ 佐藤透，渡邉嘉男訳	3800円
ハイデガーと認知科学	門脇俊介，信原幸弘編	3200円
『存在と時間』の哲学　I	門脇俊介	1800円
示しの記号 再帰的構造と機能の存在論のために	菅野盾樹	3800円
実体への旅 1760年-1840年における美術、科学、自然と絵入り旅行記	B. M. スタフォード 高山宏訳	8000円
モナドの窓 ライプニッツの「自然と人工の劇場」	H. ブレーデカンプ 原研二訳	3500円
ヴァーチャル・ウィンドウ アルベルティからマイクロソフトまで	A. フリードバーグ 井原慶一郎，宗洋訳	3800円

価格は税別